# LE BONHEUR DANS CETTE VIE

Parus aux éditions Michel Lafon

*L'esprit de noël*, 2016
*Dieu rit*, 2017
*Qui suis-je pour juger ?*, 2017
*L'Évangile de Marie*, 2018
*C'est tous les jours Noël*, 2018

PAPE FRANÇOIS

# LE BONHEUR DANS CETTE VIE

*Sous la direction de*
NATALE BENAZZI

*Traduit de l'italien par Élise Gruau*

Michel LAFON

*Le texte de référence utilisé pour la présente édition de cet ouvrage est la* Traduction œcuménique de la Bible (TOB).

Titre original
*La felicità in questa vita. Una meditazione appassionata sull'esistenza terrena*


118, avenue Achille-Peretti – CS 70024
92521 Neuilly-sur-Seine Cedex

www.michel-lafon.com

## *La voie du bonheur*

Les Béatitudes sont la voie que Dieu indique comme réponse au désir de bonheur inscrit en l'homme, et perfectionnent les commandements de l'Ancienne Alliance. Nous avons l'habitude d'apprendre les dix commandements – bien sûr, chacun de vous les connaît, les a appris dans la catéchèse –, mais nous n'avons pas l'habitude de répéter les Béatitudes. Essayons de nous les rappeler et de les graver dans notre cœur.

La première :

« Heureux ceux qui ont une âme de pauvre, car le Royaume des cieux est à eux.

Heureux les affligés, car ils seront consolés.

Heureux les doux, car ils posséderont la terre.

Heureux les affamés et assoiffés de justice, car ils seront rassasiés.

Heureux les miséricordieux, car ils obtiendront miséricorde.

Heureux les cœurs purs, car ils verront Dieu.

Heureux les artisans de la paix, car ils seront appelés fils de Dieu.

Heureux les persécutés pour la justice, car le Royaume des cieux est à eux.

Heureux serez-vous quand on vous insultera, qu'on vous persécutera, et qu'on dira faussement contre vous toute sorte d'infamie à cause de moi. Réjouissez-vous, soyez dans la joie et l'allégresse, car votre récompense sera grande dans les cieux ! »

Prenez l'Évangile, celui que vous gardez avec vous… Rappelez-vous que vous devez toujours emporter un petit Évangile, dans la poche, dans votre sac, toujours.

Au chapitre 5 de Matthieu se trouvent les Béatitudes. Lisez-les chaque jour, pour ne pas les oublier, parce que c'est la Loi que nous donne Jésus !

Dans ces mots, il y a toute la nouveauté apportée par le Christ, et toute la nouveauté du Christ se trouve dans ces mots. En effet, les Béatitudes sont le portrait de Jésus, sa forme de vie ; et elles sont la voie du véritable bonheur, que nous pouvons nous aussi parcourir avec la grâce que Jésus nous donne.

Audience générale, 6 août 2014

Première partie

# TA VIE EN QUÊTE DE SENS

# Rêves et projets, futur et espérances

« Avec Jésus Christ,
la joie naît et renaît toujours. »

*Evangelii gaudium*

## L'Évangile de la vie réalisée

La joie de l'Évangile remplit le cœur et la vie intérieure de ceux qui se rencontrent en Jésus. Ceux qui se laissent sauver par Lui sont libérés du péché, de la tristesse, du vide intérieur, de l'isolement.

*Evangelii gaudium,* n° 1

## La grande question : l'espérance est-elle possible, ici et maintenant ?

Le *rythme vertigineux* auquel nous sommes exposés semblerait nous dérober l'espérance et la joie. Les pressions et l'impuissance face à tant de situations sembleraient assécher notre âme et nous rendre insensibles devant les innombrables défis. Et paradoxalement, quand tout s'accélère pour construire – en théorie – une société meilleure, à la fin on n'a plus de temps pour rien ni pour personne. Nous n'avons plus de temps pour la famille, de temps pour la communauté, de temps pour l'amitié, pour la solidarité et pour la mémoire.

Cela nous fera du bien de nous demander : *comment est-il possible de vivre la joie de l'Évangile aujourd'hui dans nos villes ? L'espérance chrétienne est-elle possible dans cette situation, ici et maintenant ?*

Ces deux questions concernent notre identité, la vie de nos familles, de nos pays et de nos villes.

Homélie, 25 mars 2017

**Une salade avec de l'huile…**

Jésus avait terminé de parler du danger des richesses, de combien il était difficile pour un riche d'entrer au Royaume des cieux. Et Pierre lui posa cette question : « Nous avons tout quitté et nous t'avons suivi. Quelle sera notre récompense ? » Jésus est généreux et il répondit à Pierre : « En vérité, je vous le dis : il n'est personne qui, ayant quitté par amour de moi et par amour de l'Évangile sa maison ou ses frères ou ses sœurs ou sa mère ou son père ou ses terres, ne reçoive au centuple présentement dans ce siècle-ci, des maisons, des frères, des sœurs, des mères, des enfants et des terres… »

Peut-être Pierre pensa-t-il : « En voilà une belle activité commerciale, suivre Jésus nous fait gagner beaucoup, au centuple. » Mais Jésus ajouta trois petits mots : « avec des persécutions ». Et ensuite, tu auras la vie éternelle. Oui, vous avez tout quitté et vous recevrez ici sur la terre beaucoup de choses, mais avec la persécution.

C'est comme une salade avec l'huile de la persécution. Tel est le gain du chrétien et telle est la voie de celui qui veut suivre Jésus. Parce que c'est la voie qu'il a lui-même suivie : et il a été persécuté.

Homélie, Sainte-Marthe, 9 juin 2014

## Ouvre ton cœur à la lenteur du Règne

Dans les paraboles, Jésus nous enseigne que le Règne arrive au monde d'une façon humble, qu'il se développe en silence et constamment là où il est accueilli par des cœurs ouverts à son message d'espérance et de salut. L'Évangile nous enseigne que l'Esprit de Jésus peut apporter un regain de vie dans le cœur de chaque homme et peut transformer toute situation, même celles qui sont apparemment sans espoir. Jésus peut transformer, il peut transformer toute situation ! Voilà le message que vous êtes appelés à partager avec les gens de votre âge : à l'école, dans le monde du travail, dans vos familles, à l'université et dans vos communautés. Fort du fait que Jésus est ressuscité des morts, nous savons qu'il a « des mots de vie éternelle » (Jn 6, 68) et que son Verbe a le pouvoir de toucher chaque cœur, de vaincre le mal par le bien, de changer et de racheter le monde.

Discours, 15 août 2014

## Où en êtes-vous avec la joie ?

Saint Paul écrivait encore : « Soyons toujours dans la joie… Le Seigneur est proche ! » (Phil 4, 4-5) Eh bien, j'aimerais poser une question aujourd'hui. Mais que chacun l'emporte dans son cœur, chez lui, d'accord ? comme un devoir d'école à faire. Et on y répond tout seul. Où en est-on avec la joie chez toi ? Comment va la joie dans ta famille ? Voilà, à vous de donner la réponse.

Chères familles, vous le savez bien : la véritable joie que l'on goûte dans la famille n'a rien de superficiel, elle ne vient pas de choses, de circonstances favorables… La véritable joie vient d'une harmonie profonde entre les personnes, que chacun ressent en son cœur, et qui nous fait éprouver la beauté d'être ensemble, de nous soutenir les uns les autres dans le chemin de la vie. Mais à la base de ce sentiment de joie profonde, il y a la présence de Dieu, la présence de Dieu dans la famille, il y a son amour accueillant, miséricordieux, respectueux envers chacun. Et surtout, un amour patient : la patience est une vertu de Dieu et elle nous enseigne, dans la famille, à avoir cet amour patient les uns envers les autres. Avoir de la patience entre nous. Amour patient. Dieu seul sait créer l'harmonie des différences. Si l'amour de Dieu manque, la famille aussi perd son harmonie et les individualismes prennent le dessus, et la joie s'éteint. Au contraire, la famille qui vit la joie de la foi la communique spontanément, elle est le sel de la terre et la lumière du monde, elle est le levain pour toute la société.

Homélie, 27 octobre 2013

### Ne mets pas de frein à tes rêves

Je voudrais surtout le dire aux plus jeunes qui, de par leur âge et en vertu de la vision de l'avenir qui se déploie devant leurs yeux, savent être disponibles et généreux. Il se peut que les imprévus et l'inquiétude quant à l'avenir, ainsi que l'incertitude qui caractérise le quotidien en viennent à paralyser leurs élans, à freiner leurs rêves, au point de penser que cela ne vaut pas la peine de s'engager et que le Dieu de la foi chrétienne limite leur liberté. Au contraire, chers jeunes, n'ayez pas peur de sortir de vous-mêmes et de vous mettre en chemin ! L'Évangile est la parole qui libère, transforme et rend notre vie plus belle.

Message pour la Journée des vocations, 29 mars 2015

**Tu ne te sens pas réalisé ? Abandonne-toi dans les bras de Dieu.**

Il arrive souvent que nous n'arrivions pas à deviner le dessein de Dieu, et nous nous rendons compte que nous ne sommes pas capables de nous assurer le bonheur et la vie éternelle. Cependant, c'est justement dans l'expérience de nos limites et de notre pauvreté que l'Esprit nous conforte et nous fait percevoir que la seule chose importante est de nous laisser guider par Jésus dans les bras de son Père.

Audience générale, 11 juin 2014

**Le chemin de vie des saints (et la tienne)**

Si quelque chose caractérise les saints, c'est d'être *vraiment* heureux. Ils ont découvert le secret du bonheur authentique, qui demeure au fond de l'âme et qui a sa source dans l'amour de Dieu. C'est pourquoi les saints sont appelés « bienheureux ».

Homélie, 1er novembre 2016

### Dieu te console comme une mère

De même qu'une mère prend sur elle les charges et les peines de ses enfants, Dieu aime prendre en charge nos péchés et nos inquiétudes ; Lui, qui nous connaît et qui nous aime infiniment, est sensible à notre prière et sait sécher nos larmes. En nous regardant, chaque fois il s'émeut et est attendri d'un amour viscéral, parce que, au-delà du mal dont nous sommes capables, nous sommes toujours ses enfants ; il désire nous prendre dans ses bras, nous protéger, nous libérer des périls et du mal. Laissons résonner dans notre cœur ces mots qu'aujourd'hui il nous adresse : « Comme une mère, je vous consolerai. »

Homélie, 1er octobre 2016

### L'image du Christ est ta réalisation

Le croyant apprend à se voir lui-même à partir de la foi qu'il professe. La figure du Christ est le miroir où se découvre sa propre image réalisée. Et comme le Christ embrasse en lui tous les croyants, qui forment son corps, le chrétien se comprend lui-même dans ce corps, en relation originaire au Christ et aux frères dans la foi.

*Lumen fidei*, n° 22

### Sois enfant dans l'Esprit qui t'embrasse

Quand le Saint-Esprit prend place dans notre cœur, il nous emplit de consolation et de paix, et nous encourage à nous sentir tels que nous sommes, c'est-à-dire petits, avec ce comportement – si bien recommandé par Jésus dans l'Évangile – de qui repose toutes ses préoccupations et ses attentes en Dieu, et se sent entouré et soutenu par sa chaleur et sa protection, exactement comme un enfant avec son père ! Voilà ce que fait l'Esprit saint dans nos cœurs : il nous fait nous sentir comme un enfant dans les bras de notre père. En ce sens, alors, nous comprenons bien comment la crainte de Dieu prend en nous la forme de la docilité, de la reconnaissance et de la louange, comblant notre cœur d'espérance.

Audience générale, 11 juin 2014

## Je veux un amour qui dure toujours

Le cœur de l'être humain aspire à de grandes choses, à des valeurs importantes, à des amitiés profondes, à des liens qui se renforcent dans les épreuves de la vie, au lieu de se briser. L'être humain aspire à aimer et à être aimé. C'est notre aspiration la plus profonde : aimer et être aimé ; et cela, définitivement. La culture du provisoire n'exalte pas notre liberté, mais nous prive de notre véritable destin, de nos visées plus vraies et authentiques. C'est une vie par morceaux. Il est triste d'arriver à un certain âge, de regarder le chemin que nous avons parcouru et de nous rendre compte qu'il est fait de morceaux différents, sans unité, sans caractère définitif : tout provisoire…

Discours, 5 juillet 2014

**Dans une époque orpheline, toi, tu as un Père**

Dieu n'est pas un être lointain et anonyme : il est notre refuge, la source de notre sérénité et de notre paix. Il est la roche de notre salut, à laquelle nous pouvons nous accrocher dans la certitude de ne pas tomber. Qui s'accroche à Dieu ne tombe jamais ! C'est notre protection contre le mal qui nous tend toujours des pièges. Dieu est pour nous le grand ami, l'allié, le Père, mais nous ne nous en rendons pas toujours compte. Nous ne nous rendons pas compte que nous avons un ami, un allié, un père qui veut notre bien, et nous préférons nous reposer sur des biens immédiats que nous pouvons toucher, des biens contingents, en oubliant et parfois en refusant le bien suprême, qui est l'amour paternel de Dieu. Sentir qu'il est le Père, dans cette époque où l'on se sent orphelin, est tellement important ! Dans ce monde orphelin, sentir qu'il est le Père.

Angélus, 26 février 2017

**Je n'en peux plus…**

*Seuls, nous n'en pouvons plus.* Sous la pression des événements et des modes, seuls, nous ne parviendrons jamais à trouver le bon chemin, et si nous le trouvions, nous n'aurions pas la force suffisante pour persévérer, pour affronter les ascensions et les obstacles imprévus. C'est ici qu'intervient l'invitation du Seigneur Jésus : « Si tu veux… Suis-moi. » Il nous invite à l'accompagner sur le chemin. C'est comme ça. Ce n'est qu'*avec Jésus*, en le priant et en le suivant, que nous clarifions notre vision et trouvons la force de la réaliser. Il nous aime définitivement, il nous a choisis définitivement, il s'est donné définitivement à chacun de nous. Il est notre défenseur et notre grand frère, et il sera notre seul juge. Comme il est beau de pouvoir affronter les aléas de l'existence en compagnie de Jésus, d'avoir avec nous sa personne et son message ! Il n'ôte ni l'autonomie ni la liberté ; au contraire, en renforçant notre fragilité, il nous permet d'être vraiment libres, libres de faire le bien, forts pour continuer à le faire, capables de pardonner et capables de demander pardon. Ainsi est Jésus qui nous accompagne, voilà comment est le Seigneur !

Discours, 5 juillet 2014

**Ne te replie pas, ne te laisse pas asphyxier, ne reste pas prisonnier**

Ne vous repliez pas sur vous-mêmes, ne vous laissez pas asphyxier par les petites disputes du quotidien, ne restez pas prisonniers de vos problèmes. Ils se résoudront si vous sortez pour aider les autres à résoudre leurs problèmes et annoncer la bonne nouvelle. Vous trouverez la vie en donnant la vie, l'espérance en donnant l'espérance, l'amour en aimant.

Lettre aux consacrés, 21 novembre 2014

**Sors de toi-même : tu recevras au centuple**

À la racine de toute vocation chrétienne se trouve ce mouvement fondamental de l'expérience de la foi : croire signifie se quitter soi-même, sortir du confort et de la rigidité de son propre moi pour centrer sa vie en Jésus Christ ; abandonner comme Abraham sa terre et se mettre en chemin avec confiance, en sachant que Dieu montrera le chemin vers une nouvelle terre. Cette « sortie » ne doit pas être entendue comme un mépris pour sa propre vie, sa propre sensibilité, sa propre humanité ; au contraire, qui se met en chemin à la suite du Christ trouve la vie en abondance, en se mettant entièrement au service de Dieu et de son Règne. Jésus dit : « Quiconque aura quitté sa maison, ses frères, ses sœurs, son père, sa mère, ses enfants, ses terres en mon nom recevra au centuple et aura en héritage la vie éternelle. » (Mt 19, 29) Tout cela trouve sa racine profonde dans l'amour.

Message pour la Journée des vocations, 29 mars 2015

### Franchis la barrière de la peur

C'est le premier mot que l'archange Gabriel a adressé à la Vierge : « Réjouis-toi, pleine de grâce, le Seigneur est avec toi. » (Lc 1, 28) La vie de celui qui a découvert Jésus se remplit d'une joie intérieure si grande que rien ni personne ne peut la lui retirer. Christ donne aux siens la force nécessaire pour ne pas être tristes ni avilis par la pensée de problèmes sans solution. Soutenu par cette vérité, le chrétien ne doute pas que ce qui se fait avec amour génère une joie sereine, sœur de cette espérance qui franchit la barrière de la peur et ouvre les portes à un futur prometteur.

Message, 8 septembre 2014

### Ne te contente pas d'une vie « en petit »

Aspirez-vous vraiment au bonheur ? Dans une époque où l'on est attiré par tant d'apparences de bonheur, on risque de se contenter de peu, d'avoir une idée de la vie « en petit ». Aspirez au contraire à de grandes choses ! Ouvrez grand vos cœurs ! Comme le disait le bienheureux Pier Giorgio Frassati, « vivre sans une foi, sans patrimoine à défendre, sans soutenir la vérité dans une lutte continue, ce n'est pas vivre, mais vivoter. Nous ne devons jamais vivoter, mais vivre. » (Lettre à I. Bonini, 27 février 1925)

Message pour la JMJ, 21 janvier 2014

### Laisse l'Esprit ouvrir ton cœur

Voilà pourquoi nous avons tant besoin de ce don de l'Esprit saint. La crainte de Dieu nous fait prendre conscience que tout vient de la grâce, et notre vraie force réside uniquement dans le fait de suivre le Seigneur Jésus et de permettre que le Père puisse reverser sur nous sa bonté et sa miséricorde. Ouvrir son cœur, afin que la bonté et la miséricorde de Dieu viennent à nous. Voilà ce que fait l'Esprit saint avec le don de la crainte de Dieu : il ouvre les cœurs. Cœur ouvert, afin que le pardon, la miséricorde, la bonté, les caresses du Père viennent à nous, afin que nous soyons des enfants infiniment aimés.

Audience générale, 11 juin 2014

### Il en faut du courage, aujourd'hui

Aujourd'hui est un temps de mission et un temps de courage ! Courage de renforcer les pas vacillants, de reprendre le goût de se dépenser pour l'Évangile, de retrouver la confiance dans la force que la mission porte en elle-même. C'est un temps de courage, même si avoir du courage n'est pas la garantie du succès. Il nous est demandé d'avoir du courage pour lutter, pas nécessairement pour vaincre ; pour annoncer, pas nécessairement pour convertir. Il nous est demandé du courage pour être des alternatives au monde, sans jamais cependant devenir polémiques ou agressifs. Il nous est demandé du courage pour nous ouvrir à tous, sans jamais réduire l'absolu et l'unicité du Christ, unique sauveur de tous. Il nous est demandé du courage pour résister à l'incrédulité, sans devenir arrogants. Il nous est demandé aussi le courage du publicain de l'Évangile d'aujourd'hui qui, plein d'humilité, n'osait même pas lever les yeux vers le ciel, mais se frappait la poitrine en disant : « Mon Dieu, aie pitié de moi, pauvre pécheur. » Aujourd'hui, c'est le temps du courage ! Il en faut du courage, aujourd'hui !

Angélus, 23 octobre 2016

### Dieu dans le cœur

La consolation dont nous avons besoin, au milieu des turbulences de la vie, est justement la présence de Dieu dans nos cœurs. Parce que sa présence en nous est la source de la véritable consolation, qui demeure, qui libère du mal, apporte la paix et fait croître la joie.

Homélie, 1er octobre 2016

### Qui ennuie le pape François ?

Quand j'entends parler un jeune ou une jeune du Seigneur, ou encore un ou une catéchumène, je ne sais pas, un quelconque, je m'ennuie. Nous parlons du Seigneur avec une certaine tristesse. Il a dit *joie* : là est le secret. Parler du Seigneur *avec joie*, voilà ce qui s'appelle *témoignage chrétien*. Vous comprenez ?

Rencontre, 15 janvier 2017

### Soyez quelqu'un qui chante la vie

Être des personnes qui chantent la vie, qui chantent la foi, c'est important. Ne pas seulement réciter le *Credo*, réciter la foi, connaître la foi, mais chanter la foi ! Voilà. Dire la foi, vivre la foi avec joie, voilà ce qui s'appelle « chanter la foi ». Et ce n'est pas moi qui le dis ! Saint Augustin l'a dit voilà plus de mille six cents ans : « Chanter la foi ! »

Discours, 3 mai 2014

### Les alambics de la peur

Il est plus facile de croire au fantôme qu'au Christ vivant ! Il est plus facile d'aller chez un nécromancien qui te prédit l'avenir, qui te lit les cartes, que d'avoir confiance en l'espérance d'un Christ vainqueur, d'un Christ qui a vaincu la mort ! Une idée, une imagination est plus facile que la docilité envers ce Seigneur qui ressurgit de la mort et qui t'invite à va savoir quoi ! Ce processus qui consiste à relativiser la foi nous éloigne de la rencontre, nous éloigne de la caresse de Dieu. C'est comme si nous « distillions » la réalité de la rencontre avec Jésus Christ dans l'alambic de la peur, dans l'alambic de la sécurité excessive, à vouloir contrôler nous-mêmes la rencontre. Les disciples avaient peur de la joie… nous aussi.

Homélie, 24 avril 2014

### Le bonheur ne s'achète pas

Le bonheur ne s'achète pas. Et quand on achète un bonheur, ensuite on s'aperçoit que ce bonheur s'en est allé… Le bonheur qu'on achète ne dure pas. Seul le bonheur de l'amour est un bonheur qui dure !

Et la voie de l'amour est simple : aime Dieu et aime ton prochain, ton frère, celui qui est proche de toi, celui qui a besoin d'amour et a besoin de tant de choses. « Mais, mon père, comment puis-je savoir si j'aime Dieu ? » Simplement si tu aimes ton prochain, si tu ne hais point, si tu n'as pas de haine dans ton cœur, alors tu aimes Dieu. C'est une preuve sûre.

Discours, 15 août 2014

### Tu veux partir toi aussi ?

Jésus nous interpelle… pour que nous répondions à sa proposition de vie, pour que nous décidions quel chemin nous voulons emprunter pour atteindre la vraie joie. Il s'agit d'un grand défi pour la foi. Jésus n'a pas eu peur de demander à ses disciples s'ils voulaient vraiment le suivre ou plutôt s'en aller par d'autres chemins. (Cf. Jn 6, 67) Et Simon-Pierre eut le courage de lui répondre : « Seigneur, chez qui irons-nous ? C'est toi qui as les mots de la vie éternelle. » (Jn 6, 68) Si vous savez vous aussi dire « oui » à Jésus, votre vie se remplira de sens, et ainsi sera féconde.

Message pour la JMJ, 2014

**Regarde tes talents, regarde tes limites : tu n'es pas seul !**

Des personnes capables de reconnaître leurs talents et leurs limites, qui savent voir chaque jour, même dans leurs jours les plus sombres, les signes de la présence du Seigneur. Se réjouir parce que le Seigneur vous a appelés pour être coresponsables de la mission de son Église. Se réjouir parce que sur ce chemin, vous n'êtes pas seuls : il y a le Seigneur qui vous accompagne, vos évêques et prêtres qui vous soutiennent, vos communautés paroissiales, vos communautés diocésaines avec lesquelles partager le chemin. Vous n'êtes pas seuls !

Discours, 3 mai 2014

**Affronte la vie en étant fort et non pas repu**

C'est très triste de voir une jeunesse « repue », mais faible. Saint Jean, écrivant aux jeunes, disait : « Vous êtes forts, la parole de Dieu demeure en vous et vous aurez vaincu le Malin. » (1Jn 2, 14) Les jeunes qui choisissent le Christ sont forts, ils se nourrissent de sa parole et ne

« se goinfrent » pas d'autre chose ! Ayez le courage d'aller à contre-courant. Ayez le courage du vrai bonheur ! Dites non à la culture du provisoire, de la superficialité et du rejet, qui ne vous estime pas capables d'assumer des responsabilités et d'affronter les grands défis de la vie !

Message pour la JMJ, 21 janvier 2014

**Ne craignez jamais de risquer la joie**

Dans la lecture de l'Évangile que nous venons d'entendre, les disciples n'arrivent pas à croire la joie qu'ils ont, parce qu'ils ne peuvent pas croire à cause de cette joie. Ainsi dit l'Évangile. Regardons la scène : Jésus est ressuscité, les disciples d'Emmaüs ont raconté leur expérience ; Pierre aussi raconte qu'il l'a vu. Puis le Seigneur lui-même apparaît dans la salle et leur dit : « La paix soit sur vous. » Divers sentiments surgissent dans le cœur des disciples : la peur, la surprise, le doute, et finalement la joie. Une joie si grande qu'à cause de cette joie, « ils n'arrivaient pas à croire ». Ils étaient étonnés, choqués, et Jésus, en ébauchant presque un sourire, leur demande quelque chose à manger et il commence à expliquer les Écritures, en leur ouvrant l'esprit pour qu'ils puissent les comprendre. C'est le moment de la stupeur, de la rencontre avec Jésus Christ, où tant de joie ne nous semble pas vraie ; et encore plus, accepter la joie et l'allégresse dans ce moment nous semble risqué et nous sentons la tentation de nous réfugier dans le scepticisme, dans le « n'exagérons pas ».

Homélie, 24 avril 2014

### Le style de Jésus est notre liberté

Le but de Jésus en devenant pauvre n'est pas la pauvreté en elle-même, mais – dit saint Paul – « … afin que vous deveniez riches par le moyen de sa pauvreté ». Il ne s'agit pas d'un jeu de mots, d'un effet de style ! C'est au contraire une synthèse de la logique de Dieu, la logique de l'amour, la logique de l'incarnation et de la croix. Dieu n'a pas fait tomber sur nous le salut d'en haut, comme l'aumône de celui qui donne une partie de ce qu'il a de superflu avec un piétisme philanthrope. Ce n'est pas ça, l'amour du Christ ! Quand Jésus descend dans les eaux du Jourdain et se fait baptiser par Jean le Baptiste, il ne le fait pas parce qu'il a besoin de pénitence, de conversion ; il le fait pour se mettre au milieu des gens qui ont besoin de pardon, au milieu de nous autres pécheurs, et pour prendre en charge le poids de nos péchés. Voici la voie qu'il a choisie pour nous consoler, nous sauver, nous libérer de notre misère.

Message pour le Carême, 2014

### Tous, disons-le : avec Jésus, la joie est là !

Jésus est venu apporter la joie à tous et pour toujours. Il ne s'agit pas d'une joie seulement espérée ou renvoyée au paradis : ici sur terre, nous sommes tristes, mais au paradis nous serons joyeux. Non ! Ce n'est pas ça, mais une joie réelle dont on peut faire l'expérience aujourd'hui, parce que *Jésus lui-même est notre joie*, et avec Jésus la joie est là. Comme le dit votre écriteau : « Avec Jésus, la joie est là. » Disons-le tous ensemble : « Avec Jésus, la joie est là. » Encore une fois ! « Avec Jésus, la joie est là. » Et sans Jésus, il y a la joie ? Non ! Bravo ! Il est vivant, il est ressuscité, et il agit en nous et au milieu de nous par sa parole et les sacrements.

Angélus, 14 décembre 2014

**Venez à moi, vous qui êtes fatigués !**

Il y a une parole de Jésus, dans l'Évangile de Matthieu, qui vient à notre rencontre : « Venez à moi, vous tous qui êtes fatigués et chargés, et je vous donnerai du repos. » (Mt 11, 28) Souvent la vie est fatigante, si souvent même tragique !… Travailler est une fatigue ; chercher du travail est une fatigue. Et trouver du travail aujourd'hui demande de grands efforts ! Mais ce qui pèse le plus dans la vie n'est pas cela : ce qui pèse plus que toute autre chose, c'est le manque d'amour. Cela pèse de ne pas recevoir un sourire, de n'être pas accueilli. Certains silences pèsent, parfois même en famille, entre mari et femme, entre parents et enfants, entre frères. Sans amour, la fatigue devient plus pesante, intolérable. Je pense aux personnes âgées qui sont seules, aux familles qui souffrent parce qu'elles ne sont pas aidées pour s'occuper dans leur foyer de ceux qui ont besoin d'attentions spéciales et de soins. « Venez à moi, vous tous qui êtes fatigués et chargés », dit Jésus.

Discours, 26 octobre 2013

**Source, manifestation, âme**

Le Père est la source de la joie. Le Fils en est la manifestation, et l'Esprit saint l'animateur. Tout de suite après avoir loué le Père, comme dit l'évangéliste Matthieu, Jésus nous invite : « Venez à moi, vous tous qui êtes fatigués et chargés, et je vous donnerai du repos. Prenez mon joug sur vous et recevez mes instructions, car je suis doux et humble de cœur ; et vous trouverez du repos pour vos âmes. Mon joug en effet est doux et mon poids est léger. » (11, 28-30) « La joie de l'Évangile remplit le cœur et toute la vie de ceux qui rencontrent Jésus. Ceux qui se laissent sauver par lui sont libérés du péché, de la tristesse, du vide intérieur, de l'isolement. Avec Jésus Christ, la joie naît et renaît toujours. » (*Evangelii gaudium*, 1). De cette rencontre avec Jésus, la Vierge Marie a eu une expérience toute singulière et elle est devenue « *causa nostrae laetitiae* ». Les disciples, en revanche, ont reçu l'appel à rester avec Jésus et à être envoyés par lui pour évangéliser, et ainsi ils sont comblés de joie. Pourquoi n'entrons-nous pas aussi dans ce fleuve de joie ?

Message, 8 juin 2014

### Laisse ta cruche

Dans l'Évangile de la Samaritaine, nous trouvons un stimulant pour « laisser notre cruche », symbole de tout ce qui est apparemment important, mais qui perd sa valeur face à « l'amour de Dieu ». Nous en avons tous une, ou plus d'une ! Je vous le demande, à vous et à moi : « Quelle est ta cruche intérieure, celle qui te pèse, celle qui t'éloigne de Dieu ? » Mettons-la un peu de côté, et avec notre cœur entendons, dans notre cœur, la voix de Jésus qui nous offre une eau différente, une autre eau qui nous rapproche du Seigneur. Nous sommes appelés à redécouvrir l'importance et le sens de notre vie chrétienne, qui a commencé par le baptême et, comme la Samaritaine, à témoigner devant nos frères. De quoi ? De la joie ! Témoigner de la joie de la rencontre avec Jésus, parce que j'ai dit que toute rencontre avec Jésus nous change la vie, et aussi que toute rencontre avec Jésus nous remplit de joie, de cette joie qui vient de l'intérieur. Et le Seigneur est ainsi. Et raconter combien de choses mystérieuses le Seigneur sait faire dans notre cœur, quand nous avons le courage de laisser de côté notre cruche.

Angélus, 13 mars 2014

**Sors de toi-même et cherche la lumière**

Qui veut la lumière doit sortir de lui-même et chercher : il ne reste pas enfermé, immobile à regarder ce qui se passe au-dehors, mais il met sa propre vie en jeu ; il sort de lui-même. La vie chrétienne est un *chemin continu*, fait d'espérance, fait de recherche ; un chemin qui, comme celui des Mages, se poursuit même quand l'étoile disparaît momentanément de la vue. Sur ce chemin se trouvent aussi des embûches qu'il faut éviter : les bavardages superficiels et mondains qui freinent l'allure ; les caprices paralysants de l'égoïsme ; les creux du pessimisme qui piègent l'espérance.

Angélus, 6 janvier 2017

**Ne vous contentez pas de petits objectifs**

Ne permettez pas que vous soit dérobé le désir de construire des choses grandes et solides dans votre vie !

C'est cela qui doit vous faire aller de l'avant. Ne vous contentez pas de petits objectifs ! Aspirez au bonheur, ayez-en le courage, le courage de sortir de vous-mêmes, de jouer à fond votre avenir avec Jésus.

Discours, 5 juillet 2014

### Refusez les propositions à « bas prix »

Si vraiment vous laissez émerger les aspirations les plus profondes de votre cœur, vous vous rendrez compte qu'il y a une soif inextinguible de bonheur en vous, et c'est cela qui vous permettra de distinguer et de refuser les nombreuses offres « à bon prix » que vous rencontrez autour de vous. Quand nous recherchons le succès, le plaisir, la possession égoïste et que nous en faisons des idoles, nous pouvons, certes, expérimenter des moments d'ivresse, une fausse impression de satisfaction ; mais à la fin nous devenons esclaves, nous ne sommes jamais satisfaits, nous sommes poussés à vouloir toujours plus.

Message pour les JMJ, 21 janvier 2014

### La joie de Dieu est la présence de Jésus parmi nous

Au troisième dimanche de l'Avent, la liturgie nous propose une autre attitude intérieure pour vivre cette attente de la venue du Seigneur, c'est-à-dire la joie. La joie de Jésus, comme le dit cet écriteau : « Avec Jésus, la joie est là. » Voilà, il nous propose la joie de Jésus !

Le cœur de l'homme désire la joie. Nous désirons tous la joie, chaque famille, chaque peuple aspire au bonheur. Mais quelle est la joie que le chrétien est appelé à vivre et dont il est le témoin ? C'est celle qui vient de la *proximité avec Dieu*, de sa *présence* dans notre vie. Depuis que Jésus est entré dans l'histoire, par sa naissance à Bethléem, l'humanité a reçu le germe du Royaume de Dieu, comme un terrain qui reçoit sa semence, promesse d'une récolte future. Il n'est plus besoin de chercher ailleurs !

Angélus, 14 décembre 2014

### Aime la beauté, cherche la vérité

Pour moi, une personne jeune qui aime la vérité et la recherche, qui aime la bonté et qui est bonne, c'est une personne bonne ; une personne qui cherche et aime la beauté est sur une bonne voie et elle trouvera Dieu, c'est sûr ! Un jour ou l'autre, elle le trouvera ! Mais la route est longue et certaines personnes ne la trouvent pas dans la vie. Elles ne la trouvent pas de manière consciente. Mais elles sont si vraies et sincères avec elles-mêmes, si bonnes et si attirées par la beauté qu'elles finissent par avoir une personnalité très mûre, capable d'une rencontre avec Dieu, qui est toujours une grâce. Parce que la rencontre avec Dieu est une grâce.

Nous ne pouvons tracer la route… Certains rencontrent Dieu dans les autres personnes… C'est un chemin à parcourir… Chacun doit le rencontrer personnellement. Dieu ne se rencontre pas par ouï-dire, pas plus qu'on ne paie pour rencontrer Dieu. C'est un chemin personnel, nous devons le vivre de cette façon. Je ne sais si j'ai répondu à ta question…

Rencontre avec des jeunes, 31 mars 2014

### Une scène pleine de lumière

Jésus entre à Jérusalem. La foule des disciples l'accompagne à une fête, les manteaux sont étendus devant lui, on parle des prodiges qu'il a accomplis, un cri de louange s'élève : « Béni soit le roi qui vient au nom du Seigneur ! Paix dans le ciel, et gloire dans les lieux très hauts ! » (Lc 19, 38)

Foule, fête, louange, bénédiction, paix : on respire une atmosphère de joie. Jésus a réveillé dans le cœur de nombreuses espérances, en particulier chez les humbles, les simples, les pauvres, les oubliés, tous ceux qui ne comptent pas aux yeux du monde. Il a su comprendre les misères humaines, il a montré le visage de miséricorde de Dieu et il s'est agenouillé pour guérir le corps et l'âme.

Ainsi est Jésus. Ainsi est son cœur qui nous regarde tous, qui regarde nos maladies, nos péchés. L'amour de Jésus est grand. C'est avec tout cet amour qu'il entre à Jérusalem, et nous regarde tous. C'est une belle scène : pleine de lumière – la lumière de l'amour de Jésus, celle de son cœur –, de joie, de fête.

Homélie, 24 mars 2013

### Quand fleurit l'amandier

Le bien nous attire toujours, la vérité nous attire, la vie, le bonheur, la beauté nous attirent… Jésus est le point de rencontre de cette attraction réciproque, de ce double mouvement. Il est Dieu et homme : Jésus. Dieu et homme. Mais qui prend l'initiative ? Toujours Dieu ! L'amour de

Dieu vient toujours avant le nôtre ! Il prend toujours l'initiative. Il nous attend, il nous invite, c'est toujours lui qui prend l'initiative. Jésus est Dieu qui s'est fait homme, il s'est incarné, il est né pour nous. La nouvelle étoile qui apparut aux Mages était le signe de la naissance du Christ. S'ils n'avaient pas vu l'étoile, ces hommes ne seraient pas partis. La lumière nous précède, la vérité nous précède, la beauté nous précède. Dieu nous précède. Le prophète Isaïe disait que Dieu est comme la fleur de l'amandier. Pourquoi ? Parce que sur cette terre, l'amandier est le premier qui fleurit. Et Dieu précède toujours, nous cherche toujours en premier, il fait le premier pas.

Angélus, 6 janvier 2014

## Sainte Thérèse d'Avila, experte en joie

Thérèse de Jésus invite ses moniales à « aller servir avec joie » (*Chemin* 18, 5). La vraie sainteté est joie parce qu'« un saint triste est un triste saint ». Les saints, avant d'être des héros courageux, sont des fruits de la grâce de Dieu pour les hommes. Chaque saint manifeste un trait du visage multiforme de Dieu. En sainte Thérèse nous contemplons le Dieu qui est « souveraine Majesté, Sagesse éternelle » (*Poème* 2), qui se révèle comme proche et compagnon, qui a ses délices dans la conversation avec les hommes : Dieu se réjouit avec nous. Et, comme elle percevait son amour, naissait dans la sainte une joie contagieuse qu'elle ne pouvait dissimuler et qu'elle transmettait à son entourage. Cette joie est un chemin à parcourir toute la vie. Elle n'est pas éphémère, superficielle, turbulente. Il faut la donner déjà « aux commencements » (*Vie* 13, 1). Elle exprime l'allégresse intérieure de l'âme, elle est humble, et « modeste » (cf. *Fondations* 12, 1). On ne l'obtient pas par le raccourci facile qui évite le renoncement, la souffrance ou la croix, mais on la trouve en supportant des travaux et des douleurs (cf. *Vie* 6, 2 ; 30, 8), en regardant vers le Crucifié et en cherchant le Ressuscité (cf. *Chemin* 26, 4). De là vient que la joie de sainte Thérèse n'est ni égoïste ni une autoréférence. Comme celle du Ciel, elle consiste à « se réjouir que tous se réjouissent » (*Chemin* 30, 5), en se mettant au service des autres avec un amour désintéressé. Comme à l'un de ses monastères en difficulté, la sainte nous dit aussi aujourd'hui, spécialement aux jeunes : « Ne cessez pas d'être joyeux ! » (*Lettre* 284, 4) L'Évangile n'est pas un sac de plomb que l'on traîne pesamment, mais une source de joie qui remplit le cœur de Dieu et pousse à servir ses frères !

Message, 15 octobre 2014

**Quelle sera ma voie ?**

J'ai posé moi aussi en mon temps cette question : quelle voie dois-je choisir ? Mais tu ne dois pas choisir de voie : c'est le Seigneur qui choisit ! Jésus l'a choisie, c'est lui que tu dois écouter, et à lui que tu dois demander : Seigneur, que dois-je faire ? » Voici la prière qu'un jeune doit faire : « Seigneur, que veux-tu de moi ? » Et grâce à la prière et au conseil de quelques vrais amis – des laïcs, des prêtres, des sœurs, des évêques, des papes… même le pape peut donner de bons conseils –, avec leur conseil, je trouverai la voie que le Seigneur veut pour moi.

Discours, 15 août 2014

### Éloge du repos

Le repos est nécessaire pour le salut de notre esprit et de notre corps. Pourtant, il est souvent si difficile à trouver, à cause des nombreuses exigences qui pèsent sur nous. Le repos est essentiel aussi pour notre salut spirituel, afin que nous puissions écouter la voix de Dieu et comprendre ce qu'il nous demande.

Discours, 16 janvier 2015

### Cultive la confiance, dans les hommes et dans Dieu

Nous avons très souvent confiance dans le médecin : c'est bien, parce que le médecin est là pour nous guérir ; nous avons confiance dans une personne : nos frères, nos sœurs peuvent nous aider. C'est bien d'avoir cette confiance humaine, entre nous. Mais nous oublions la confiance dans le Seigneur : voilà la clé du succès de la vie. La confiance dans le Seigneur. Remettons-nous au Seigneur ! « Seigneur, regarde ma vie ; je suis dans l'obscurité, j'ai cette difficulté, j'ai commis ce péché… » Tout ce que nous avons : « Regarde ceci : je te fais confiance ! » Et il s'agit d'un pari que nous devons faire : lui faire confiance, à lui qui ne déçoit jamais. Jamais, jamais ! Écoutez bien, vous, les jeunes garçons et filles, qui commencez maintenant votre vie : Jésus ne déçoit jamais. Jamais. Voilà le témoignage de Jean : Jésus, le bon, le doux, qui finira comme un agneau, tué. Sans crier. Il est venu pour nous sauver, pour enlever le péché. Le mien, le tien et celui du monde : tout, tout.

Homélie, 19 janvier 2014

### Prie et rends grâce

L'apôtre saint Paul disait aux Thessaloniciens : « Frères, soyez toujours dans la joie. » Et comment puis-je être joyeux ? Il dit : « Priez sans relâche, rendez grâce en toutes choses. » Nous trouvons la joie chrétienne dans la prière, elle vient de la prière et aussi dans le fait de rendre grâce à Dieu : « Merci, Seigneur, pour tant de belles choses ! »

Homélie, 14 décembre 2014

### Prépare dans ton cœur une maison pour Jésus

Joseph fut choisi par Dieu pour être le père putatif de Jésus et l'époux de Marie. En tant que chrétiens, vous aussi vous êtes appelés, comme Joseph, à préparer une maison pour Jésus ! Vous préparez une maison pour lui dans vos cœurs, dans vos familles, dans vos paroisses et dans vos communautés.

Discours, 16 janvier 2015

### Pense aux bonnes choses

Rendre grâce. Et comment dois-je faire, pour rendre grâce ? Remémore-toi ta vie, et pense à toutes les bonnes choses que la vie t'a données : beaucoup. « Père, c'est vrai, mais moi j'ai reçu beaucoup de choses mauvaises ! » « Oui, c'est vrai, cela arrive à chacun d'entre nous. Mais pense aux bonnes choses. » « J'ai eu une famille chrétienne, des parents chrétiens, grâce à Dieu j'ai un travail, ma famille ne souffre pas de la faim, nous sommes en bonne santé… » Je ne sais pas, beaucoup de choses, et rendre grâce au Seigneur pour tout cela. Et cela nous habitue à la joie. Prier, rendre grâce…

Homélie, 14 décembre 2014

# Le secret de la vie

« Les Béatitudes sont la vie, qui mènent à la patrie.
Elles sont la voie que le Seigneur nous indique
afin que nous puissions nous mettre dans ses pas. »

*1er novembre 2016*

## Dieu continue de chercher

Comme hier, Dieu continue de chercher des alliés, il continue de chercher des hommes et des femmes capables de croire, capables de mémoire, il continue de se sentir partie de son peuple pour coopérer avec la créativité de l'Esprit. Dieu continue de parcourir nos quartiers et nos rues, il vient en chaque lieu en quête de cœurs capables d'entendre son appel et de le faire devenir chair ici et maintenant. En paraphrasant saint Ambroise dans son commentaire de ce texte, nous pouvons dire : Dieu continue de chercher des cœurs comme celui de Marie, disposés à croire, même en des circonstances vraiment extraordinaires.

Homélie, 25 mars 2017

## Nous ne sommes pas faits pour de petites choses

Ayons foi dans l'action de Dieu ! Avec lui, nous pouvons faire de grandes choses : il nous fera éprouver la joie d'être ses disciples, ses témoins. Pariez sur de grands idéaux, sur de grandes choses. Nous, chrétiens, nous ne sommes pas choisis par le Seigneur pour de petites choses, allez toujours plus loin, vers les grandes choses. Engagez votre vie pour de grands idéaux, jeunes gens !

Homélie, 28 avril 2013

### Ne sens-tu pas combien ton cœur est inquiet ?

La poursuite du bonheur est commune à toutes les personnes de tous les temps et de tous les âges. Dieu a déposé dans le cœur de chaque homme et de chaque femme un désir irrépressible de bonheur, de plénitude. Ne sentez-vous pas combien vos cœurs sont inquiets et sans cesse à la recherche d'un bien qui puisse rassasier leur soif d'infini ?

Message pour la JMJ, 31 janvier 2015

### Tu expérimenteras la paix

En proclamant les Béatitudes, Jésus nous invite à le suivre, à parcourir avec lui la voie de l'amour, la seule qui conduise à la vie éternelle. Ce n'est pas une route facile, mais le Seigneur nous assure de sa grâce et il ne nous laisse jamais seuls. La pauvreté, les afflictions, les humiliations, les luttes pour la justice, les fatigues de la conversion quotidienne, les combats pour vivre l'appel à la sainteté, les persécutions et bien d'autres défis sont présents dans notre vie. Mais si nous ouvrons la porte au Christ, si nous le laissons entrer dans notre histoire, si nous partageons avec lui nos joies et nos souffrances, nous ferons l'expérience d'une paix et d'une joie que seul Dieu, amour infini, peut nous donner.

Message pour la JMJ, 21 janvier 2014

### La voie de la vraie réalisation

Cela fait toujours du bien de lire et de méditer les Béatitudes ! Jésus les a proclamées au cours de sa première grande prédication, au bord du lac de Galilée. Il y avait une grande foule et il est monté sur la colline, pour instruire ses disciples, c'est pourquoi cette prédication est appelée *Le Sermon sur la montagne*. Dans la Bible, la montagne est perçue comme le lieu où Dieu se révèle, et Jésus, en prêchant sur la colline, se présente comme le maître divin, comme le nouveau Moïse. Et que révèle-t-il ? Jésus révèle le chemin de la vie, ce chemin qu'il parcourt lui-même, plus encore qu'il *est* lui-même, et il le propose comme *le chemin du vrai bonheur*.

Message pour la JMJ, 21 janvier 2014

### Ne te laisse jamais aveugler par la prétention

Dieu a caché tout cela à ceux qui sont trop imbus d'eux-mêmes et prétendent déjà tout savoir. Ils sont comme aveuglés par leur propre prétention et ne laissent pas de place à Dieu. On peut facilement penser à des contemporains de Jésus qu'il a exhortés plusieurs fois, mais il s'agit d'un danger qui existe de tout temps, et qui nous concerne nous aussi. En revanche, les « petits » sont les humbles, les simples, les pauvres, les marginaux, les sans-voix, les épuisés et les opprimés, que Jésus a nommés les « bienheureux ». On peut facilement penser à Marie, à Joseph, aux pêcheurs de Galilée et aux disciples appelés en chemin, au cours de ses sermons.

Message, 8 juin 2014

### Tout le règne de Dieu est dans les Béatitudes

Pendant toute sa vie, de sa naissance dans la grotte de Bethléem jusqu'à sa mort sur la Croix et sa résurrection, Jésus a incarné les Béatitudes. Toutes les promesses du Royaume de Dieu se sont accomplies en lui.

Message pour la JMJ, 21 janvier 2014

### Tu es bienheureux quand tu es converti

Jésus manifeste la volonté de Dieu de conduire les hommes au bonheur. Ce message était déjà présent dans la prédication des prophètes : Dieu est proche des pauvres et des opprimés et les libère de ceux qui les maltraitent. Mais dans cette prédication, Jésus suit un chemin particulier : il commence par le terme *bienheureux*, c'est-à-dire *heureux* ; il poursuit avec l'indication de la *condition* pour être bienheureux ; et il conclut en faisant une *promesse*. Le motif de la béatitude, c'est-à-dire du bonheur, ne réside pas dans la condition requise – par exemple « pauvres d'esprit », « affligés », « affamés de justice », « persécutés »… –, mais dans la promesse qui suit, à accueillir avec foi comme don de Dieu. On part de la condition de difficulté, pour s'ouvrir au don de Dieu et accéder au monde nouveau, le « royaume » annoncé par Jésus. Celui-ci n'est pas un mécanisme automatique, mais un chemin de vie à la suite du Seigneur, dans lequel la réalité de difficulté et de souffrance est vue dans une perspective nouvelle et expérimentée selon la conversion qui se réalise. On n'est pas *bienheureux* si l'on n'est pas *converti*, en mesure d'apprécier et de vivre les dons de Dieu.

Angélus, 29 janvier 2017

## La quête du bonheur

Le mot « heureux », c'est-à-dire « bienheureux », apparaît neuf fois dans *Le Sermon sur la montagne*, qui est le premier grand sermon de Jésus. (Cf. Mt 5, 1-12) C'est comme un refrain qui nous rappelle l'appel du Seigneur à parcourir avec lui une voie qui, malgré tous les défis, est la voie du véritable bonheur.

Message pour la JMJ, 31 janvier 2015

## Le *Magnificat* de Marie nous introduit aux Béatitudes

Le *Magnificat* nous introduit ainsi dans les Béatitudes, synthèse et loi primordiale du message évangélique. À sa lumière, aujourd'hui, nous nous sentons poussés à demander une grâce, la grâce si chrétienne que l'avenir… soit forgé par les pauvres et par ceux qui souffrent, par les humbles, par ceux qui ont faim et soif de justice, par les miséricordieux, par les cœurs purs, par ceux qui travaillent pour la paix, par les persécutés à cause du nom du Christ, « parce que le Royaume des cieux sera à eux » (cf. Mt 5, 1-11). Que ce soit la grâce d'être forgés par ceux qu'aujourd'hui le système idolâtre de la culture du rebut relègue dans la catégorie des esclaves, des objets dont on peut se servir ou simplement refuser.

Homélie, 12 décembre 2014

## Qui a foi dans le Seigneur

La première Béatitude déclare bienheureux les *pauvres de cœur*, parce que le Royaume des cieux leur appartient. En des temps où de nombreuses personnes souffrent à cause de la crise économique, associer la pauvreté et le bonheur peut sembler un contresens. Comment pouvons-nous concevoir la pauvreté comme une bénédiction ?

Essayons d'abord de comprendre ce que signifie « pauvres de cœur ». Quand le Fils de Dieu s'est fait homme, il a choisi la voie de la pauvreté, du dépouillement. Comme le dit saint Paul dans la Lettre aux Philippiens : « Ayez entre vous les mêmes sentiments qui sont dans le Christ Jésus : lui, de condition divine, ne retint pas jalousement le rang qui l'égalait à Dieu. Mais il s'anéantit lui-même, prenant condition d'esclave, et devenant semblable aux hommes. » (2, 5-7) Jésus est Dieu qui se dépouille de sa gloire. Nous voyons ici le choix de la pauvreté de Dieu : de riche qu'il était, il s'est fait pauvre pour nous enrichir par sa pauvreté (cf. 2Co 8, 9). C'est le mystère que nous contemplons dans la crèche, en voyant le Fils de Dieu dans une mangeoire ; puis sur la Croix, où le dépouillement arrive à son comble.

L'adjectif grec *ptochós* (pauvre) n'a pas seulement une signification matérielle, mais veut dire « mendiant ». Il est relié au concept juif d'*anawim*, les « pauvres du Seigneur », qui évoque humilité, conscience de ses propres limites, de sa propre condition existentielle de pauvreté. Les *anawim* se fient au Seigneur, ils savent qu'ils dépendent de lui.

Message pour la JMJ, 21 janvier 2014

### Es-tu du genre « plus j'ai, plus je veux » ?

« Heureux ceux qui ont une âme de pauvre, car le Royaume des cieux est à eux. » (v. 4) Celui qui a une âme de pauvre est celui qui a assumé les sentiments et l'attitude de ces pauvres qui dans leur condition ne se révoltent pas, mais savent être humbles, dociles, disponibles à la grâce de Dieu. Le bonheur des pauvres – de ceux qui ont une âme de pauvre – a une double dimension : à l'égard des *biens* et à l'égard de *Dieu*. En ce qui concerne les biens, les biens matériels, cette âme de pauvre signifie sobriété : pas nécessairement renoncement, mais capacité de goûter l'essentiel, de partager ; capacité de renouveler chaque jour l'étonnement pour la bonté des choses, sans s'appesantir dans l'opacité de la consommation vorace. Plus j'ai, plus je veux, plus j'ai, plus je veux : c'est la consommation vorace. Et cela tue l'âme. Et l'homme ou la femme qui font cela, qui ont cette attitude – « plus j'ai, plus je veux » – ne sont pas heureux et n'atteindront pas le bonheur. À l'égard de Dieu, elle est louange et reconnaissance du fait que le monde est bénédiction et qu'à son origine, il y a l'amour créateur du Père. Mais elle est aussi ouverture à lui, docilité à sa seigneurie : c'est lui, le Seigneur : c'est lui, le Seigneur, c'est lui, le Grand, ce n'est pas moi qui suis grand parce que j'ai beaucoup de choses ! C'est lui. Lui qui a voulu le monde pour tous les hommes et qui l'a voulu pour que les hommes soient heureux.

Angélus, 29 janvier 2017

### Marie, pauvre en esprit

Quand nous avons besoin de conversion, faisons en sorte qu'à la logique de l'*avoir plus* prévale celle d'*être plus* ! Les saints sont ceux qui peuvent le mieux nous permettre d'aider à comprendre le sens profond des Béatitudes…

Le *Magnificat*, le cantique de Marie, pauvre de cœur, est aussi le chant de quiconque vit les Béatitudes. La joie de l'Évangile jaillit d'un cœur pauvre, qui sait exulter et s'émerveiller pour les œuvres de Dieu, comme le cœur de la Vierge, que toutes les générations appellent « bienheureuse » (cf. Lc 1, 48). Mère des pauvres, étoile de la nouvelle évangélisation, elle nous aide à vivre l'Évangile, à incarner les Béatitudes dans notre vie et à avoir le courage du bonheur.

Message pour la JMJ, 21 janvier 2014

### Les joies des pauvres croyants

Je peux dire que les joies les plus belles et les plus spontanées que j'ai vues au cours de ma vie sont celles de personnes très pauvres qui ont peu de choses auxquelles s'accrocher. Je me souviens aussi de la joie authentique de ceux qui, même dans de grands engagements professionnels, ont su garder un cœur croyant, généreux et simple.

*Evangelii gaudium,* n° 7

### Sois mendiant de Dieu

Comme a bien su le voir sainte Thérèse de l'Enfant Jésus, dans son Incarnation, Jésus se présente comme un mendiant, un nécessiteux en quête d'amour. Le catéchisme de l'Église catholique parle de l'homme comme d'un « mendiant de Dieu » et il nous dit que la prière est la rencontre de la soif de Dieu avec notre soif.

Saint François d'Assise a très bien compris le secret de la Béatitude des pauvres de cœur. En effet, quand Jésus lui parla en la personne du lépreux et du Crucifié, il reconnut la grandeur de Dieu et l'humilité de sa propre condition. Dans sa prière, le Poverello passait des heures à demander au Seigneur : « Qui es-tu ? Qui suis-je ? » Il se dépouilla d'une vie aisée et insouciante pour épouser « Dame Pauvreté », pour imiter Jésus et suivre l'Évangile à la lettre. François a vécu l'imitation du Christ pauvre et l'amour pour les pauvres de façon indissociable, comme les deux faces d'une même médaille.

Message pour la JMJ, 21 janvier 2014

### Choisis la riche pauvreté et la pauvre richesse

Alors quelle est-elle cette pauvreté, grâce à laquelle Jésus nous délivre et nous rend riches ? C'est justement sa manière de nous aimer, de se faire proche de nous, tel le Bon Samaritain qui s'approche de l'homme laissé à moitié mort sur le bord de la route (cf. Lc 10, 25ss). Ce qui nous donne la vraie liberté, le vrai salut, le vrai bonheur, c'est son amour de compassion, de tendresse et de partage. La pauvreté du Christ qui nous enrichit, c'est le fait qu'il ait pris chair, qu'il ait assumé nos faiblesses, nos péchés, en nous communiquant la miséricorde infinie de Dieu. La pauvreté du Christ est la plus grande richesse : Jésus est riche de sa confiance sans limites envers le Père, de pouvoir compter sur lui à tout moment, en cherchant toujours et seulement la volonté et la gloire du Père. Il est riche comme est riche un enfant qui se sent aimé et qui aime ses parents et ne doute pas un seul instant de leur amour et de leur tendresse. La richesse de Jésus, c'est d'être le Fils ; sa relation unique avec le Père est la prérogative souveraine de ce Messie pauvre. Lorsque Jésus nous invite à porter son « joug qui est doux », il nous invite à nous enrichir de cette « riche pauvreté » et de cette « pauvre richesse » qui sont les siennes, à partager avec lui son Esprit filial et fraternel, à devenir des fils dans le Fils, des frères dans le Frère Premier-né (cf. Rm 8, 29).

On a dit qu'il n'y a qu'une seule tristesse : celle de ne pas être des saints (L. Bloy). Nous pourrions également dire qu'il n'y a qu'une seule vraie misère : celle de ne pas vivre en enfants de Dieu et en frères du Christ.

Message pour le Carême, 2014

### As-tu les mains et le cœur ouverts ?

Celui qui a une âme de pauvre est le chrétien qui ne compte pas sur lui-même, sur les richesses matérielles, qui ne s'obstine pas dans ses opinions, mais qui écoute avec respect et s'en remet volontiers aux décisions d'autrui. Si, dans nos communautés, il y avait plus de personnes ayant une âme de pauvre, il y aurait moins de divisions, de conflits et de polémiques ! L'humilité, comme la charité, est une vertu essentielle pour la coexistence dans les communautés chrétiennes. Les pauvres, dans ce sens évangélique, apparaissent comme ceux qui gardent à l'esprit l'objectif du Royaume des cieux, en faisant entrevoir qu'il est anticipé sous forme de semence dans la communauté fraternelle, qui privilégie le partage sur la possession. Je voudrais souligner cela : *privilégier le partage sur la possession*. Avoir toujours le cœur et les mains *ouverts* (le pape fait le geste), pas *fermés* (il fait le geste). Quand le cœur est *fermé* (le pape fait le geste), c'est un cœur étroit : il ne sait pas non plus comment aimer. Quand le cœur est *ouvert* (le pape fait le geste), il marche sur le chemin de l'amour.

Angélus, 29 janvier 2017

### L'Église est la maison des affligés

L'Église, missionnaire de par sa nature, a comme prérogative fondamentale le service de la charité à tous. La fraternité et la solidarité universelles sont connaturelles à sa vie et à sa mission dans le monde et pour le monde. L'évangélisation, qui doit atteindre chacun, est appelée toutefois à partir des derniers, des pauvres, de ceux qui ont le dos courbé sous le poids et la fatigue de la vie. Ce faisant, l'Église prolonge la mission du Christ lui-même, qui est « venu pour qu'ils aient la vie et l'aient en abondance ». (Jn 10, 10) L'Église est le peuple des Béatitudes, la maison des pauvres, des affligés, des exclus et des persécutés, de ceux qui ont faim et soif de justice.

Discours, 9 mai 2014

### Cultive en toi le don de la douceur

Le don de la piété signifie être vraiment capables de se réjouir avec qui est dans la joie, de pleurer avec qui pleure, d'être proche de qui est seul ou angoissé, de corriger qui est dans l'erreur, de consoler qui est affligé, d'accueillir et de secourir qui est dans le besoin. Il existe un lien très étroit entre le don de piété et la douceur. Le don de piété que nous donne le Saint-Esprit nous rend doux, nous rend calmes, patients, en paix avec Dieu, au service des autres avec douceur.

Audience générale, 4 juin 2014

### Regarde l'avenir avec les yeux de la foi

Regardons vers l'avenir avec les yeux de la foi. Notre douleur est une semence qui un jour débouchera sur la joie que le Seigneur a promise à ceux qui ont cru en ses paroles : « Heureux vous qui pleurez, parce que vous serez consolés… » (Mt 5, 4)

La *compassion* de Dieu, sa souffrance avec nous, donne une signification et une valeur éternelles à nos efforts. Votre désir de le remercier pour toute grâce et bénédiction, même quand vous avez tant perdu, n'est pas seulement un triomphe de la capacité de résilience et de la force… ; c'est aussi un signe de la bonté de Dieu, de sa proximité, de sa tendresse, de son pouvoir salvifique.

Homélie, 17 janvier 2015

### Change le monde, redécouvre l'humilité

Les Béatitudes sont le profil du Christ et, par conséquent, du chrétien. Parmi elles, je voudrais en souligner une : « Bienheureux les doux. » Jésus dit de lui-même :

« Apprenez de moi que je suis doux et humble de cœur. » (Mt 11, 29) C'est son portrait spirituel, et cela nous révèle la richesse de son amour. La douceur est une manière d'être et de vivre qui nous rapproche de Jésus et nous unit entre nous ; elle nous permet de laisser de côté tout ce qui nous divise et nous oppose, et on cherche des façons toujours nouvelles pour avancer sur le chemin de l'unité... Les saints parviennent à des changements grâce à la mansuétude du cœur. Avec la mansuétude, nous comprenons la grandeur de Dieu et nous l'adorons avec sincérité ; en outre, c'est l'attitude de celui qui n'a rien à perdre, car son unique richesse est Dieu.

Homélie, 1er novembre 2016

### La faiblesse de l'Agneau

Jésus est appelé l'Agneau : il est l'Agneau qui enlève le péché du monde. On peut penser : mais comment un agneau, si faible, un faible petit agneau, comment peut-il enlever tant de péchés, tant de méchancetés ? Par l'amour. Par sa douceur. Jésus n'a jamais cessé d'être un agneau : doux, bon, plein d'amour, proche des petits, proche des pauvres. Il était là, parmi les gens, il guérissait tout le monde, il enseignait, il priait. Jésus, si faible, comme un agneau. Mais il a eu la force de porter sur lui tous nos péchés, tous. « Mais, Père, vous ne connaissez pas ma vie ; moi, j'en ai un... que je ne peux même pas porter avec un camion... » Bien souvent, quand nous regardons notre conscience, nous en trouvons certains qui sont gros ! Mais lui, il les porte. Il est venu pour cela : pour pardonner, pour faire la paix dans le monde, et auparavant, dans les cœurs. Peut-être avons-nous tous quelque chose qui tourmente notre cœur, peut-être avons-nous l'obscurité dans le cœur, peut-être nous sentons-nous un peu tristes à cause d'une faute… Il est venu pour enlever tout cela, il nous donne la paix, il pardonne tout. « Voici l'Agneau de Dieu qui enlève le péché » : il enlève le péché avec sa racine. Tout ! Tel est le salut de Jésus, avec son amour et sa douceur. Et en entendant ce que dit Jean-Baptiste, qui rend témoignage à Jésus comme sauveur, nous devons grandir dans la foi en Jésus.

Homélie, 19 janvier 2014

**Les commérages, ennemis de la douceur**

Cette douceur dans la communauté est une vertu un peu oubliée. Être doux, laisser la place à l'autre. Il y a tant d'ennemis de la douceur, à commencer par les commérages, n'est-ce pas ? Lorsque l'on préfère commérer, commérer sur l'autre, dire du mal de l'autre. Ce sont des choses quotidiennes qui arrivent à tous, même à moi.

Ce sont des tentations du Malin qui ne veut pas que l'Esprit vienne à nous et fasse cette paix, cette douceur dans les communautés chrétiennes. Nous allons à la paroisse, et les dames du catéchisme se chamaillent avec celles de la *Caritas*. Il y a toujours ces conflits. Même en famille ou dans le quartier. Même entre amis. Et cela, ce n'est pas la vie nouvelle. Lorsque vient l'Esprit et qu'il nous fait naître à une vie nouvelle, il nous rend doux, charitables. Il ne faut juger personne : l'unique juge est le Seigneur… Si, avec la grâce de l'Esprit, nous réussissons à ne jamais commérer, ce sera vraiment un grand pas en avant. Et cela nous fera du bien à tous. Demandons au Seigneur qu'il manifeste au monde la beauté et la plénitude de la vie nouvelle, de cette naissance de l'Esprit qui vient dans la communauté des fidèles et nous conduit à être doux, à être charitables les uns envers les autres. Respectueux. Demandons cette grâce pour nous tous.

Homélie, Sainte-Marthe, 9 avril 2013

**Ne te laisse pas éblouir…**

La lumière de Jésus est une lumière humble. Ce n'est pas une lumière qui s'impose ; elle est humble. C'est une lumière douce, qui a la force de la douceur ; c'est une lumière qui parle au cœur et c'est également une lumière qui offre la croix. Si nous, dans notre lumière intérieure, nous sommes des hommes doux, nous entendons la voix de Jésus dans notre cœur et nous regardons sans peur la croix dans la lumière de Jésus, nous devons toujours faire la distinction : là où se trouve Jésus se trouvent toujours l'humilité, la douceur, l'amour et la croix. Nous ne trouverons jamais Jésus sans humilité, sans douceur, sans amour et sans la croix. C'est lui qui le premier a tracé ce chemin de lumière. Nous devons le suivre sans « peur », parce que « Jésus a la force et l'autorité pour nous donner cette lumière ».

Homélie, Sainte-Marthe, 3 septembre 2013

**… imite la lumière tranquille de Jésus…**

La lumière de Jésus n'est pas une lumière d'ignorance, non, non ! C'est une lumière de connaissance, de sagesse. Mais c'est aussi autre chose. La lumière que nous offre le monde est une lumière artificielle. Peut-être forte, plus forte que celle de Jésus, n'est-ce pas ? Forte comme un feu d'artifice, comme le flash de l'appareil photo. Au contraire, la lumière de Jésus est une lumière douce, c'est une lumière tranquille, une lumière de paix. C'est comme la lumière de la nuit de Noël : sans prétention. C'est ainsi : elle s'offre et procure la paix. La lumière de Jésus ne crée pas de spectacle ; c'est une lumière qui vient du cœur.

Homélie, Sainte-Marthe, 3 septembre 2013

### … contemple sa souffrance

Ce n'est qu'en contemplant l'humanité souffrante de Jésus que nous pouvons devenir doux, humbles, tendres comme lui. Il n'est pas d'autre voie. Nous devrons faire l'effort de rechercher Jésus ; de penser à sa passion, à combien il a souffert ; de penser à son silence doux. Ce sera notre effort ; il s'occupe du reste, et fera tout ce qui manque. Mais toi, tu dois faire ceci : cacher ta vie en Dieu avec Christ.

Pour témoigner ? Contemple Jésus.

Pour pardonner ? Contemple Jésus souffrant.

Pour ne pas haïr ton prochain ? Contemple Jésus souffrant.

Il n'y a pas d'autre voie.

Homélie, Sainte-Marthe, 3 septembre 2013

### Tu es un agneau, ne te comporte pas en loup

Jésus nous a dit : « Je vous envoie comme des brebis au milieu des loups. Soyez prudents, mais simples. » Si en revanche nous nous laissons prendre par l'esprit de vanité et nous pensons pouvoir affronter les loups en devenant nous-mêmes des loups, « ceux-ci nous mangeront vivants ». Parce que si tu cesses d'être brebis, tu n'as plus de pasteur qui te défend et tu tombes entre les griffes de ces loups. Vous pourriez demander : « Père, mais quelle est l'arme pour se défendre de ces tentations, de ces feux d'artifice que fait le prince de ce monde, de ses flatteries ? » L'arme est la même que celle de Jésus : la parole de Dieu, puis l'humilité et la douceur. Pensons à Jésus quand ils lui donnent la gifle : quelle humilité, quelle douceur. Pensons à Jésus dans sa passion. Le prophète dit de lui : « Comme une brebis qui va à l'abattoir, il ne crie pas. » L'humilité. Humilité et douceur : voici les armes que le prince du monde, l'esprit du monde ne supporte pas parce que ses propositions sont d'un pouvoir mondain, des propositions de vanité, propositions de richesse. L'humilité et la douceur, ils ne les supportent pas.

Homélie, Sainte-Marthe, 4 mai 2013

**Retournes-y encore une fois, et encore et encore**

Nous avons honte de dire la vérité : j'ai fait ceci, j'ai pensé cela. Mais la honte est une vertu chrétienne et aussi humaine. La capacité à avoir honte : je ne sais pas si [en italien] cela se dit de la même façon, mais chez nous, on dit de ceux qui ne peuvent pas éprouver la honte qu'ils sont *sinvergüenza*. Untel est « quelqu'un sans honte » parce qu'il n'a pas la capacité d'éprouver la honte. Et avoir honte est une vertu de l'humble.

Humilité et douceur sont comme le cadre d'une vie chrétienne. Un chrétien vit toujours ainsi, dans l'humilité et la douceur. Et Jésus nous attend pour nous pardonner. Nous pouvons lui poser une question : alors aller se confesser n'est pas aller se faire torturer ? Non ! C'est aller louer Dieu, parce que moi, pécheur, j'ai été sauvé par lui. Et lui m'attendrait pour me frapper ? Non, pour me pardonner avec tendresse. Et si demain je recommence ? Retournes-y encore une fois, et encore et encore. Lui t'attend toujours. Cette tendresse du Seigneur, cette humilité, cette douceur.

Homélie, Sainte-Marthe, 29 avril 2013

**Ils diront que tu es fou**

Jésus dit : pas de guerres, pas de haine ! Paix, douceur ! Quelqu'un pourrait objecter : « Si je suis si doux dans la vie, on va penser que je suis un sot. » Peut-être, mais de toute façon, laissons les autres penser ce qu'ils veulent : en attendant, toi tu es doux, parce que par ta douceur, tu auras la terre en héritage !

Homélie, Sainte-Marthe, 9 juin 2014

**Ne confonds pas le rien et le tout**

Le chrétien est doux, le chrétien est magnanime. Il ouvre son cœur. Et quand nous rencontrons des chrétiens dont le cœur est tout rabougri, cela signifie qu'ils vivent dans un égoïsme déguisé en christianisme.

Jésus nous avait conseillé : « Cherchez d'abord le Royaume de Dieu et sa justice, et le reste viendra de lui-même. » Le Royaume de Dieu est le tout ; le reste est secondaire, ce n'est pas le principal.

Toutes les erreurs de l'Église, toutes nos erreurs naissent de cela : quand nous disons au rien qu'il est le tout ; et au tout qu'il ne compte pour rien.

Homélie, Sainte-Marthe, 17 juin 2013

### Sois miséricordieux, parce que toi aussi tu es pardonné

Bienheureux les miséricordieux, parce qu'ils trouveront la miséricorde. Il s'agit de ceux qui pardonnent, qui comprennent les erreurs des autres. Jésus ne dit pas : bienheureux ceux qui agissent par vengeance, qui disent œil pour œil, dent pour dent, mais il dit : bienheureux ceux qui pardonnent, les miséricordieux. Et nous tous, nous sommes une armée de pardonnés ! Nous tous avons été pardonnés ! Et c'est pour cela que celui qui suit cette voie du pardon est bienheureux.

Homélie, Sainte-Marthe, 9 juin 2014

### Dieu est joyeux parce qu'il est miséricordieux !

Le chapitre 15 de l'Évangile de Luc contient les trois paraboles de la miséricorde : celle de la brebis égarée, celle de la pièce d'argent perdue, et la plus longue de toutes les paraboles, propre à saint Luc, celle du père et des deux fils, le fils « prodigue » et le fils qui se croit « juste », qui se croit saint. Ces trois paraboles parlent de la joie de Dieu. Dieu est joyeux. Cela est intéressant : Dieu est joyeux ! Et quelle est la joie de Dieu ? La joie de Dieu est de pardonner, la joie de Dieu est de pardonner !

C'est la joie d'un pasteur qui retrouve sa brebis ; la joie d'une femme qui retrouve sa pièce d'argent ; c'est la joie d'un père qui accueille à nouveau chez lui le fils qui était perdu, qui était comme mort et qui est revenu à la vie, qui est revenu à la maison. On trouve là tout l'Évangile ! Ici même ! On trouve là tout l'Évangile, tout le christianisme ! Mais attention, ce n'est ni du sentiment ni de « l'angélisme » ! Au contraire, la miséricorde est la vraie force qui peut sauver l'homme et le monde du « cancer » qu'est le péché, le mal moral, le mal spirituel. Seul l'amour comble les vides, les gouffres négatifs que le mal ouvre dans le cœur et dans l'histoire. Seul l'amour peut faire cela et c'est la joie de Dieu !

Angélus, 15 septembre 2013

**Un cœur pur est un cœur qui sait aimer**

« Heureux les cœurs purs » est une phrase de Jésus qui se réfère à ceux qui ont un cœur simple, pur, sans saleté : un cœur qui sait aimer avec cette pureté si belle.

Homélie, Sainte-Marthe, 9 juin 2014

**Le « cœur » est ta capacité à aimer**

Avant tout, nous devons comprendre le sens biblique du mot *cœur*. Dans la culture juive, le cœur est le centre des sentiments, des pensées et des intentions de la personne humaine. Si la Bible nous enseigne que Dieu ne regarde pas les apparences, mais le cœur (cf. 1S 16, 7), on peut dire aussi que c'est à partir de notre cœur que nous pouvons voir Dieu. Cela parce que le cœur résume l'être humain dans sa totalité et dans son unité de corps et d'âme, dans sa capacité d'aimer et d'être aimé.

Message pour la JMJ, 31 janvier 2015

**Ne perds pas la limpidité de l'existence**

En ce qui concerne la définition de « pur », le mot grec utilisé par l'évangéliste Matthieu est *katharos*, qui signifie fondamentalement « propre, limpide, libre de substance contaminante ». Dans l'Évangile, nous voyons Jésus détruire une certaine conception de la pureté rituelle liée à l'extériorité, qui interdisait tout contact avec des choses et des personnes (comme les lépreux et les étrangers) considérées comme impures. Aux pharisiens qui, comme tant de juifs de cette époque, ne mangeaient pas sans avoir fait les ablutions et qui observaient de nombreuses traditions liées au lavage des objets, Jésus dit de manière catégorique : « Rien de ce qui est extérieur à l'homme et qui entre en lui ne peut le rendre impur. Mais ce qui sort de l'homme, voilà ce qui rend l'homme impur. C'est du dedans, du cœur de l'homme, que sortent les pensées perverses : inconduite, vols, meurtres, adultères, cupidités, méchancetés, fraude, débauche, envie, diffamation, orgueil et démesure. » (Mc 7, 15.21-22)

En quoi consiste donc le bonheur qui jaillit d'un cœur pur ? À partir de la liste des maux qui rendent l'homme impur, énumérés par Jésus, nous voyons que la question concerne surtout le champ de nos *relations*.

Message pour la JMJ, 31 janvier 2015

### Développe une écologie humaine

Chacun de nous doit apprendre à discerner ce qui peut « polluer » son cœur, se former une conscience droite et sensible, capable de « discerner quelle est la volonté de Dieu, ce qui est bon, ce qui est capable de lui plaire, ce qui est parfait ». (Rm 12, 2) Si une saine attention à la sauvegarde de la création est nécessaire, pour la pureté de l'air, de l'eau et de la nourriture, nous devons plus encore préserver la pureté de ce que nous avons de plus précieux : *nos cœurs et nos relations*. Cette « écologie humaine » nous aidera à respirer l'air pur qui vient des belles choses, de l'amour vrai, de la sainteté.

Message pour la JMJ, 31 janvier 2015

### La paix n'a ni malentendus ni subterfuges

« Heureux les acteurs de la paix. » Il est si commun d'être acteur de guerre, ou du moins acteur de malentendus : quand j'entends dire quelque chose par untel et que je vais le répéter auprès d'un autre ; et j'en donne une version un peu modifiée et je la rapporte. C'est le monde des commérages, des gens qui bavardent, qui ne font pas la paix. Et ne sont certes pas bienheureux.

Homélie, Sainte-Marthe, 9 juin 2014

### Il n'y a pas d'avenir sans paix

La paix n'est pas seulement l'absence de guerre, mais une condition générale dans laquelle la personne humaine est en harmonie avec elle-même, en harmonie avec la nature et en harmonie avec les autres. C'est cela, la paix. Cependant, faire taire les armes et éteindre les foyers de guerre reste la condition inévitable pour entamer un chemin qui conduise à la paix dans ses différents aspects. Je pense aux conflits qui ensanglantent encore trop de régions de la planète, aux tensions dans les familles et dans les communautés – mais dans tant de familles, tant de communautés, y compris paroissiales, il y a la guerre ! –, ainsi qu'aux conflits déclenchés dans nos villes et dans nos pays entre les groupes de diverses origines culturelles, ethniques et religieuses. Nous devons nous convaincre, malgré les apparences contraires, que la concorde est toujours possible, à chaque niveau et dans chaque situation. Il n'y a pas d'avenir sans propositions et projets de paix ! Il n'y a pas d'avenir sans paix !

Angélus, 4 janvier 2015

**Bats-toi pour la justice malgré les persécutions !**

« Bienheureux les persécutés pour la justice » : combien de gens sont persécutés et ont été persécutés simplement pour avoir lutté pour la justice !

Homélie, Sainte-Marthe, 9 juin 2014

**Nous sommes sauvés, c'est pourquoi nous sommes persécutés !**

Dieu nous a rachetés. Il nous a choisis par pure grâce. Par sa mort et sa résurrection, il nous a sauvés du pouvoir du monde, du pouvoir du diable, du pouvoir du prince de ce monde. Voici l'origine de la haine : nous sommes sauvés, et le prince de ce monde, qui ne veut pas que nous soyons sauvés, nous hait et fait naître la persécution qui dure depuis les premiers temps de Jésus jusqu'à aujourd'hui. De nombreuses communautés chrétiennes sont persécutées à travers le monde. Aujourd'hui plus encore qu'aux premiers temps ; hélas ! Aujourd'hui, maintenant, en ce jour, à cette heure. Pourquoi ? Mais parce que l'esprit du monde hait.

Homélie, Sainte-Marthe, 4 mai 2013

### Fais des choix définitifs et radicaux

S'en remettre à la fidélité du Seigneur est un choix que nous aussi avons la possibilité de faire dans notre vie chrétienne... Un choix vaste, difficile. Nous nous en rendons compte quand nous apprenons la vie de martyrs, quand nous lisons dans les journaux les persécutions des chrétiens, aujourd'hui. Pensons à nos frères et nos sœurs qui se trouvent dans des situations extrêmes et qui font ce choix. Ils vivent en ce temps-là. Ils sont un exemple pour nous. Ils nous encouragent à jeter sur le trésor de l'Église tout ce que nous avons pour vivre.

Homélie, Sainte-Marthe, 25 novembre 2013

### Fais la révolution du bonheur contre la pensée dominante

Les Béatitudes de Jésus sont porteuses d'une nouveauté révolutionnaire, d'un modèle de bonheur contraire à celui qui nous est communiqué habituellement par les médias, par la pensée dominante. Pour la mentalité du monde, c'est un scandale que Dieu soit venu pour être l'un d'entre nous, qu'il soit mort sur une croix ! Dans cette logique mondaine, ceux que Jésus proclame bienheureux sont considérés comme « perdants », faibles. Au contraire, le succès à tout prix, le bien-être, l'arrogance du pouvoir, l'affirmation de soi aux dépens des autres sont exaltés.

Message pour la JMJ, 21 janvier 2014

**Ta carte d'identité chrétienne**

Les Béatitudes sont en quelque sorte la *carte d'identité* du chrétien, qui l'identifie comme disciple de Jésus. Nous sommes appelés à être des bienheureux, des disciples de Jésus, en affrontant les souffrances et les angoisses de notre époque avec l'esprit et l'amour de Jésus. Ainsi, nous pourrions indiquer de nouvelles situations pour les vivre avec l'esprit renouvelé et toujours actuel : bienheureux ceux qui supportent avec foi les maux que d'autres leur infligent et pardonnent du fond du cœur ; bienheureux ceux qui regardent dans les yeux les rejetés et les marginalisés en leur manifestant de la proximité ; bienheureux ceux qui reconnaissent Dieu dans chaque personne et luttent pour que d'autres le découvrent aussi ; bienheureux ceux qui protègent et sauvegardent la maison commune ; bienheureux ceux qui renoncent à leur propre bien-être pour le bien d'autrui ; bienheureux ceux qui prient et travaillent pour la pleine communion des chrétiens… ils sont tous porteurs de la miséricorde et de la tendresse de Dieu, et ils recevront certainement de lui la récompense méritée.

Homélie, 1er novembre 2016

# Personnes libres et libérées

« Ayez grand soin de la vie spirituelle,
qui est la source de la vie intérieure.
Sans prière, il n'est pas de liberté intérieure. »

*6 juin 2013*

**Libère-toi du pouvoir des choses**

Essayez avant tout d'être *libres en face des choses*. Le Seigneur nous appelle à un style de vie évangélique caractérisé par la sobriété, à ne pas céder à la culture de la consommation. Il faut rechercher ce qui est essentiel, apprendre à se dépouiller des mille choses superflues et inutiles qui nous étouffent. Détachons-nous du désir de posséder ; ne faisons pas de l'argent une idole, pour ensuite le gaspiller. Mettons Jésus à la première place ; lui peut nous libérer de l'idolâtrie qui nous rend esclaves. Chers jeunes, ayez confiance en Dieu ! Il nous connaît, il nous aime et ne nous oublie jamais. De même qu'il prend soin du lys des champs (cf. Mt 6, 28), il ne nous laissera manquer de rien ! Pour vaincre la crise économique, il faut aussi être prêt à changer de style de vie, et à éviter les nombreux gaspillages. De même qu'il est nécessaire d'avoir le courage du bonheur, il faut avoir le courage de la sobriété.

Message pour la JMJ, 21 janvier 2014

### Va au-delà des calculs de l'efficacité humaine

Enfin, il est important d'apprendre de l'Évangile le style de l'annonce. Souvent, en effet, même avec les meilleures intentions, il peut arriver de céder à une certaine frénésie du pouvoir, au prosélytisme ou au fanatisme intolérant. L'Évangile, au contraire, nous invite à rejeter l'idolâtrie du succès et de la puissance, la préoccupation excessive pour les structures, et une certaine anxiété qui répond plus à un esprit de conquête qu'à l'esprit du service. La semence du Royaume, bien que petite, invisible et parfois insignifiante, grandit silencieusement grâce à l'œuvre incessante de Dieu : « Il en est du règne de Dieu comme d'un homme qui jette en terre la semence : nuit et jour, qu'il dorme ou qu'il se lève, la semence germe et grandit, il ne sait comment. » (Mc 4, 26-27) Voilà notre première confiance : Dieu dépasse nos attentes et il nous surprend par sa générosité, en faisant germer les fruits de notre travail au-delà des calculs de l'efficacité humaine.

Message pour la Journée des vocations, 2017

### Cesse de prendre place à la table de l'esclavage

Il existe toujours sur notre chemin existentiel une tendance à résister à la libération ; nous avons peur de la liberté et, paradoxalement, nous préférons plus ou moins inconsciemment l'esclavage. La liberté nous effraie parce qu'elle nous place face au temps et à notre responsabilité de bien le vivre. L'esclavage, en revanche, réduit le temps à « l'instant » et ainsi nous nous sentons plus sûrs ; nous vivons des moments détachés du passé et de l'avenir. En d'autres termes, l'esclavage nous empêche de vivre pleinement et réellement le présent, parce qu'il le vide du passé et le ferme face à l'avenir, face à l'éternité. L'esclavage nous fait croire que nous ne pouvons pas rêver, voler, espérer.

Il y a quelques jours, un grand artiste italien disait que, pour le Seigneur, il fut plus facile de faire sortir les juifs d'Égypte que de faire sortir l'Égypte du cœur des juifs. Oui, ils avaient été libérés « matériellement » de l'esclavage, mais pendant la marche dans le désert, avec toutes les difficultés et avec la faim, ils commencèrent à éprouver de la nostalgie pour l'Égypte et à se rappeler quand « ils mangeaient… des oignons et de l'ail » (cf. Ex 11, 5) ; cependant, ils oubliaient qu'ils en mangeaient à la table de l'esclavage. Dans notre cœur se niche la nostalgie de l'esclavage, en apparence plus rassurante que la liberté, qui est beaucoup plus risquée. Comme il nous plaît d'être enfermés dans de nombreux feux d'artifice, beaux en apparence mais qui en réalité durent peu de temps ! C'est cela, le Règne, la fascination de l'instant !

Homélie, 31 décembre 2014

**Sois humain car tu es plus qu'humain**

Nous parvenons à être pleinement humains quand nous sommes plus qu'humains, quand nous permettons à Dieu de nous conduire au-delà de nous-mêmes pour que nous parvenions à notre être le plus vrai. Là se trouve la source de l'action évangélisatrice. Parce que, si quelqu'un a accueilli cet amour qui lui redonne le sens de la vie, comment peut-il retenir le désir de le communiquer aux autres ?

*Evangelii gaudium,* n° 8

**Rends-toi libre de te donner**

C'est toujours le Seigneur qui donne la véritable liberté. Avant tout, la liberté à l'égard du péché, de l'égoïsme sous toutes ses formes : la liberté de se donner et de le faire avec joie, comme la Vierge de Nazareth qui est libre d'elle-même, qui ne se replie pas sur sa condition – et elle aurait eu toutes les raisons de le faire ! –, mais qui pense à ceux qui, à ce moment-là, sont davantage dans le besoin. Elle est libre dans la liberté de Dieu, qui se réalise dans l'amour. Et c'est la liberté que nous a donnée Dieu, et nous ne devons pas la perdre : la liberté d'adorer Dieu, de servir Dieu et de le servir également chez nos frères.

Homélie, 5 juillet 2014

**Ne sois pas esclave de tes ambitions personnelles**

Que signifie avoir une liberté intérieure ?

Tout d'abord, cela signifie être libre de projets personnels, *être libre de projets personnels*... de la possibilité de programmer l'avenir... Cela signifie, d'une certaine manière, vous libérer également de la culture et de la mentalité dont vous provenez, non pour l'oublier et encore moins pour la renier, mais pour vous ouvrir, dans la charité, à la compréhension de cultures différentes et à la rencontre avec des hommes appartenant à des mondes, même très éloignés du vôtre. Surtout, cela signifie veiller à être libres de toute ambition ou objectifs personnels qui peuvent faire tant de mal à l'Église, en ayant soin de mettre toujours à la première place non pas votre réalisation, ou la reconnaissance que vous pourriez recevoir à l'intérieur ou à l'extérieur de la communauté ecclésiale, mais le bien supérieur de la cause de l'Évangile et l'accomplissement de la mission qui vous sera confiée. Et être libre de toute ambition ou objectifs personnels, cela est pour moi important, c'est important. Le carriérisme est une lèpre, une lèpre. S'il vous plaît : pas de carriérisme.

Discours, 6 juin 2013

**Dieu veut des hommes et des femmes sans chaînes**

Dieu nous démontre qu'il est le bon Père. Et comment fait-il cela ? Comment le fait-il ? Il le fait à travers l'incarnation de son Fils, qui devient comme l'un de nous. À travers cet homme concret appelé Jésus, nous pouvons comprendre ce que Dieu entend vraiment. Il veut des personnes humaines libres, pour qu'elles se sentent toujours protégées comme les enfants d'un bon père.

Pour réaliser ce dessein, Dieu a seulement besoin d'une personne humaine. Il a besoin d'une femme, une mère, qui mette son Fils au monde. C'est la Vierge Marie que nous honorons avec cette célébration des vêpres. Marie fut totalement libre. Dans sa liberté, elle a dit « oui ». Elle a fait le bien pour toujours. Ainsi, elle a servi Dieu et les hommes. Elle a servi Dieu et les hommes. Prenons son exemple, si nous voulons savoir ce que Dieu attend de nous, ses enfants.

Rencontre, 5 août 2014

**Réfléchis toujours à ce que tu fais**

Je voudrais m'arrêter sur deux valeurs fondamentales : la liberté et le service. Avant tout : soyez des personnes libres ! Qu'est-ce que je veux dire par là ? On pense peut-être que la liberté signifie faire tout ce que l'on veut, ou bien s'aventurer dans des expériences extrêmes pour ressentir une sensation d'ivresse et vaincre l'ennui. Mais cela n'est pas la liberté. La liberté signifie savoir réfléchir sur ce que nous faisons, savoir évaluer ce qui est bien et ce qui est mal, les comportements qui font grandir, cela signifie choisir toujours le bien. Nous sommes libres pour le bien. Et en cela, n'ayez pas peur d'aller à contre-courant, même si cela n'est pas facile ! Être libres pour choisir toujours le bien est exigeant, mais cela fera de vous des personnes courageuses, qui savent affronter la vie, des personnes animées de courage et de patience (*parresia* et *ypomoné*).

Discours, 7 juin 2013

**L'inquiétude est une bonne semence**

Quand je sens qu'un jeune ou une jeune a une inquiétude, je ressens comme un devoir de servir ces jeunes, de répondre à cette inquiétude, parce que cette inquiétude est comme une semence qui continuera et qui portera du fruit. Et en ce moment, je sens que je rends un service à ce qu'il y a de plus précieux, en ce moment, et qui est votre inquiétude.

Rencontre avec des jeunes, 31 mars 2014

**Reçois les Commandements comme une voie pour ta pleine réalisation**

Les Dix Commandements indiquent un chemin de liberté, qui trouve sa plénitude dans la loi de l'Esprit écrite non sur des tables de pierre, mais dans le cœur (cf. 2Co 3, 3) : c'est là que sont écrits les Dix Commandements. Il est fondamental de rappeler à quel moment Dieu donne au peuple d'Israël, par l'intermédiaire de Moïse, les Dix Commandements. Au bord de la mer Rouge, le peuple avait fait l'expérience de la grande libération ; il avait touché du doigt la puissance et la fidélité de Dieu, du Dieu qui rend libre. À présent, Dieu lui-même, sur le mont Sinaï, indique à son peuple et à nous tous le parcours pour rester libre, un parcours qui est gravé dans le cœur de l'homme, comme une loi morale universelle. Nous ne devons pas voir les Dix Commandements comme des limitations à la liberté, non, ce n'est pas cela ; nous devons les voir comme des indications *pour* la liberté. Ce ne sont pas des limitations, mais des indications pour la liberté ! Ils nous enseignent à éviter l'esclavage auquel nous réduisent tant d'idoles que nous construisons nous-mêmes – nous en avons fait l'expérience si souvent dans l'histoire et nous en faisons l'expérience aujourd'hui aussi ; ils nous enseignent à nous ouvrir à une dimension plus vaste que la dimension matérielle, à vivre dans le respect pour les personnes, en vainquant l'avidité du pouvoir, de la possession, de l'argent, à être honnêtes et sincères dans nos rapports, à garder toute la création et à nourrir notre planète d'idéaux élevés, nobles, spirituels. Suivre les Dix Commandements signifie être fidèles à nous-mêmes, à notre nature la plus authentique, et marcher vers la liberté authentique que le Christ a enseignée dans les Béatitudes.

Message vidéo, 8 juin 2013

**Entre dans la vie trinitaire**

« Oui, Père, car tel a été ton bon plaisir. » (Lc 10, 21) L'expression de Jésus doit être comprise en référence à son *exultation intérieure*, où le bon plaisir indique un plan salvifique et bienveillant de la part du Père envers les hommes. Dans le contexte de cette bonté divine, Jésus a exulté parce que le Père a décidé d'aimer les hommes avec le même amour qu'il a pour le Fils. En outre, Luc nous renvoie à l'exultation similaire de Marie : « Mon âme exalte le Seigneur, et mon esprit tressaille de joie en Dieu mon Sauveur. » (Lc 1, 47) Il s'agit de la Bonne Nouvelle qui conduit au salut. Marie, en portant en son sein Jésus, l'évangélisateur par excellence, rencontra Élisabeth et exulta de joie dans l'Esprit saint, en chantant le *Magnificat*. Jésus, en voyant la réussite de la mission de ses disciples et, ensuite, leur joie, exulta dans l'Esprit saint et s'adressa à son Père en priant. Dans les deux cas, il s'agit d'une joie pour le salut en acte, parce que l'amour avec lequel le Père aime le Fils arrive jusqu'à nous et, par l'action de l'Esprit saint, nous enveloppe, nous fait entrer dans la vie trinitaire.

Message, 8 juin 2014

### C'est Dieu qui nous rend libres

Le Dieu vivant nous rend libres ! Disons oui à l'amour et non à l'égoïsme, disons oui à la vie et non à la mort, disons oui à la liberté et non à l'esclavage de tant d'idoles de notre temps. En un mot, disons oui à Dieu qui est amour, vie et liberté, et jamais ne déçoit, à Dieu qui est le Vivant et le Miséricordieux. Seule la foi dans le Dieu vivant nous sauve ; dans le Dieu qui en Jésus Christ nous a donné sa vie, et par le don de l'Esprit saint nous fait vivre en vrais enfants de Dieu. Cette foi nous rend libres et heureux.

Homélie, 16 juin 2013

### Qui suit les Commandements dit oui à l'amour

La vraie liberté n'est pas de suivre notre égoïsme, nos passions aveugles, mais c'est celle d'aimer, de choisir ce qui est bien en toute situation. Les Dix Commandements ne sont pas un hymne au « non », ils parlent du « oui ». Un « oui » à Dieu, un « oui » à l'amour, et puisque je dis « oui » à l'amour, je dis « non » à l'absence d'amour, mais le « non » est une conséquence de ce « oui » qui vient de Dieu et nous fait aimer.

Redécouvrons et vivons les dix mots de Dieu ! Disons « oui » à ces « dix voies d'amour » portées à leur perfection par le Christ, pour défendre l'homme et le guider vers la vraie liberté !

Message vidéo, 8 juin 2013

### Lis les signes de Dieu dans ta vie

Aimez toujours plus Jésus Christ ! Notre vie est une réponse à son appel et vous serez heureux et vous construirez bien votre vie si vous savez répondre à cet appel. Ressentez la présence du Seigneur dans votre vie. Il est proche de chacun de vous comme compagnon, comme ami qui sait vous aimer et vous comprendre, qui vous encourage dans les moments difficiles, et ne vous abandonne jamais. Dans la prière, dans le dialogue avec lui, dans la lecture de la Bible, vous découvrirez qu'il est vraiment proche de vous. Apprenez aussi à lire les signes de Dieu dans votre vie. Il nous parle toujours, même à travers les événements de notre temps et de notre existence de chaque jour ; c'est à nous de l'écouter.

Discours, 7 juin 2013

Deuxième partie

# TOI ET LES AUTRES

**Le bonheur dans les relations**

# Sois une lumière contagieuse

« Recevoir et apporter la consolation de Dieu :
cette mission est urgente. »

*1er octobre 2016*

### Le secret d'une existence réussie

Le secret d'une existence réussie est d'aimer et de se donner par amour. Alors on trouve la force de « se sacrifier avec joie » et l'engagement plus impliquant devient source d'une joie plus grande. Alors des choix définitifs de vie ne font plus peur, mais ils apparaissent dans leur véritable lumière, comme une façon de réaliser pleinement sa liberté.

Discours, 21 avril 2014

### Le service de l'autre nous libère de la tristesse « qui nous fait sombrer »

C'est la liberté dont, avec la grâce de Dieu, nous faisons l'expérience dans la communauté chrétienne, lorsque nous nous mettons au service les uns des autres. Sans jalousie, sans partis, sans bavardages… Se servir les uns les autres, se servir ! Alors le Seigneur nous libère des ambitions et des rivalités, qui minent l'unité de la communion. Il nous libère de la méfiance, de la tristesse – cette tristesse est dangereuse, parce qu'elle nous fait sombrer ; elle est dangereuse, faites attention ! Il nous libère de la peur, du vide intérieur, de l'isolement, des regrets, des plaintes. En effet, même dans nos communautés ne manquent pas les attitudes négatives qui rendent les personnes égocentriques, plus préoccupées de se défendre que de se donner. Mais le Christ nous libère de cette grisaille existentielle, comme nous l'avons proclamé dans le psaume responsorial : « Tu es mon aide et ma libération. » C'est pourquoi les disciples, nous, disciples du Seigneur, tout en restant toujours faibles et pécheurs – nous le sommes tous ! –, tout en restant faibles et pécheurs, nous sommes appelés à vivre avec joie et courage notre foi, la communion avec Dieu et avec nos frères, l'adoration de Dieu, et à affronter avec force les difficultés et les épreuves de la vie.

Homélie, 5 juillet 2014

### Apporter la paix, apporter l'onction de Jésus

Nous sommes oints : chrétiens veut dire « oints ». Et pourquoi sommes-nous oints ? Pour quoi faire ? « Il m'a envoyé apporter la bonne nouvelle. » À qui ? « Aux pauvres », « panser les cœurs meurtris, annoncer aux captifs la libération et aux prisonniers la délivrance, proclamer une année de grâce de la part du Seigneur ». (Cf. Is 61, 1-2) Telle est la vocation du Christ et également la vocation des chrétiens. Aller vers les autres, vers ceux qui sont dans le besoin, le besoin tant matériel que spirituel… Tant de gens sont préoccupés par les problèmes de famille… Apporter la paix là, apporter l'onction de Jésus, l'huile de Jésus qui fait tant de bien et réconforte les âmes.

Homélie, 14 décembre 2014

### Le bonheur ne s'achète pas

Aucun d'entre nous ne sait ce qui nous attend dans la vie. Et vous, jeunes : « Qu'est-ce qui m'attend ? » Nous pouvons faire des choses mauvaises, très mauvaises, mais s'il te plaît, ne désespère pas, c'est toujours le Père qui t'attend ! Revenir, revenir ! C'est cela le mot. *Come back!* Revenir à la maison, parce que le Père m'attend. Et si je suis très pécheur, il fera une grande fête. Et vous, prêtres, s'il vous plaît, embrassez les pécheurs et soyez miséricordieux. Et c'est beau d'entendre cela ! Cela me rend heureux, parce que Dieu ne se lasse jamais de pardonner ; il ne se lasse jamais de nous attendre.

Discours, 15 août 2014

### À travers la contagion de la joie : c'est ainsi que l'Évangile s'annonce

Quand il envoya les Douze en mission, Jésus leur dit : « Ne vous procurez ni or, ni argent, ni menue monnaie pour vos ceintures, ni besace pour la route, ni deux tuniques, ni sandales ni bâton : car l'ouvrier mérite sa nourriture. » (Mt 10, 9-10) La pauvreté évangélique est la condition fondamentale pour que le Royaume de Dieu s'étende. Les joies les plus belles et spontanées que j'ai vues au cours de ma vie sont celles de personnes pauvres et qui ont peu de choses à quoi tenir. L'évangélisation de notre temps sera possible seulement à travers la contagion de la joie.

Message pour la JMJ, 21 janvier 2014

## Apprends et enseigne le discernement

Lorsque l'on est enfant, il est courant que notre père ou notre mère nous disent ce que nous devons faire, et cela va bien – aujourd'hui, je ne crois pas que cela soit si facile, à mon époque oui, mais aujourd'hui, je ne sais pas. Mais au fur et à mesure que nous grandissons, au milieu d'une multitude de voix où apparemment toutes ont raison, le discernement de ce qui nous conduit à la *résurrection*, à la *vie*, et non à une culture de la mort, est crucial. C'est pour cela que je souligne tant cette nécessité. Il s'agit d'un instrument catéchétique, et aussi pour la vie. Dans la catéchèse, dans la direction spirituelle, dans les homélies, nous devons enseigner à notre peuple, enseigner aux jeunes, enseigner aux enfants, enseigner aux adultes le discernement. Et leur enseigner à demander la grâce du discernement.

Discours, 25 mars 2017

## Le Christ frappe à la porte de ton cœur. Toi aussi, frappe à la porte du cœur de tes frères.

Aujourd'hui, le Christ frappe à la porte de votre cœur, de mon cœur. Il appelle vous et moi à nous lever, à rester éveillés et en alerte, et à voir les choses qui, dans la vie, sont vraiment importantes. Mieux, il vous demande d'aller sur les routes et sur les chemins du monde, frappant aux portes du cœur des gens, les invitant à le recevoir dans leur vie.

Discours, 15 août 2014

**Qui aime les pauvres réalise l'Évangile (pas le communisme)**

Je suis croyant, je crois en Dieu, je crois en Jésus Christ et dans son Évangile ; et le cœur de l'Évangile est l'annonce faite aux pauvres. Quand tu lis les Béatitudes, par exemple, ou que tu lis Matthieu 25, tu vois combien Jésus est clair sur ce point. Le cœur de l'Évangile, c'est cela. Et Jésus dit de lui-même : « Je suis venu annoncer aux pauvres la libération, le salut, la grâce de Dieu... » Aux pauvres. Ceux qui ont besoin de salut, qui ont besoin d'être accueillis dans la société. Ensuite, si tu lis l'Évangile, tu vois que Jésus avait une certaine préférence pour les marginaux : les lépreux, les veuves, les enfants orphelins, les aveugles... les personnes marginales. Et aussi les grands pécheurs... Et cela, c'est ma consolation ! Oui, parce qu'il n'est même pas effrayé par le péché ! Quand il a trouvé quelqu'un comme Zachée, qui était un voleur, ou comme Matthieu, qui était un traître à sa patrie pour de l'argent, il n'a pas été effrayé ! Il les a regardés et il les a choisis. Cela aussi, c'est une pauvreté : la pauvreté du péché. Pour moi, le cœur de l'Évangile, ce sont les pauvres. Il y a deux mois, j'ai entendu que quelqu'un a dit, à propos de cette manière de parler des pauvres, de cette préférence : « Ce pape est communiste. » Non ! C'est la bannière de l'Évangile, pas du communisme : de l'Évangile ! Mais la pauvreté sans idéologie, la pauvreté... Et c'est pour cela que je crois que les pauvres sont au centre de l'annonce de Jésus.

Rencontre avec des jeunes, 31 mars 2014

### Reconnais l'autre et cherche son bien

Le bien tend toujours à se communiquer. Chaque expérience authentique de vérité et de beauté cherche par elle-même son expansion, et chaque personne qui vit une profonde libération acquiert une plus grande sensibilité devant les besoins des autres. Lorsqu'on le communique, le bien s'enracine et se développe. C'est pourquoi celui qui désire vivre avec dignité et plénitude n'a pas d'autre voie que de reconnaître l'autre et chercher son bien.

*Evangelii gaudium,* n° 9

### La vraie joie naît de la rencontre

Nous savons que les biens matériels peuvent satisfaire certains désirs, créer quelques émotions, mais à la fin, c'est une joie qui demeure superficielle, qui ne descend pas dans l'intime, ce n'est pas une joie intime : c'est l'ivresse d'un moment qui ne rend pas vraiment heureux. La joie n'est pas l'ivresse d'un moment : c'est autre chose !

La vraie joie ne vient pas des choses, du fait d'avoir, non ! Elle naît de la rencontre, de la relation avec les autres, elle naît du fait de se sentir accepté, compris, aimé ; du fait d'accepter, de comprendre et d'aimer, et ce, non pas en raison de l'intérêt d'un moment, mais parce que l'autre, homme, femme, est une personne. La joie naît de la gratuité d'une rencontre ! C'est s'entendre dire : « Tu es important pour moi », pas nécessairement avec des paroles. C'est beau… Et c'est précisément cela que Dieu nous fait comprendre. En vous appelant, Dieu vous dit : « Tu es important pour moi, je t'aime, je compte sur toi. » Jésus dit cela à chacun de nous ! C'est de là que naît la joie ! La joie du moment où Jésus m'a regardé. Comprendre et sentir cela est le secret de notre joie. Se sentir aimé de Dieu, sentir que pour lui nous ne sommes pas des numéros, mais des personnes, et sentir que c'est lui qui nous appelle. Devenir prêtre, religieux, religieuse n'est pas d'abord notre choix. Je n'ai pas confiance en ce séminariste, cette novice, qui dit : « J'ai choisi cette voie. » Cela ne me plaît pas ! Cela ne va pas ! Mais c'est la réponse à un appel et à un appel d'amour. Je sens quelque chose à l'intérieur, qui me trouble, et je réponds oui. Dans la prière, le Seigneur nous fait sentir cet amour, mais aussi à travers tant de signes que nous pouvons lire dans notre vie, toutes les personnes qu'il met sur notre chemin. Et la joie de la rencontre avec lui et de son appel pousse à ne pas se renfermer, mais à s'ouvrir. Elle nous conduit au service dans l'Église.

Rencontre avec des séminaristes et des novices,
6 juillet 2013

**Essuie tes larmes et celles de tes frères**

« Consolez, consolez mon peuple » (Is 40, 1) sont les paroles venant du fond du cœur que le prophète fait entendre encore aujourd'hui, afin qu'une parole d'espérance puisse parvenir à tous ceux qui sont dans la souffrance et la douleur. Ne nous laissons pas voler l'espérance qui vient de la foi dans le Seigneur ressuscité. Il est vrai que nous sommes souvent soumis à rude épreuve, mais la certitude que le Seigneur nous aime ne doit jamais nous quitter. Sa miséricorde s'exprime aussi à travers la proximité, l'affection et le soutien que tant de frères et sœurs manifestent lorsque surviennent les jours de tristesse et d'affliction. Essuyer les larmes est une action concrète qui brise le cercle de la solitude où nous sommes souvent enfermés.

*Miséricorde et misère* (lettre apostolique), n° 13

**Va vers les pauvres**

**N'aie pas la bouche pleine de leur nom**

Nous avons tous besoin d'une *conversion en ce qui concerne les pauvres*. Nous devons prendre soin d'eux, être sensibles envers leurs nécessités spirituelles et matérielles. À vous les jeunes, je confie d'une façon particulière la tâche de remettre la solidarité au centre de la culture humaine. Face aux anciennes et aux nouvelles formes de pauvreté – le chômage, l'émigration, les dépendances en tout genre –, nous avons le devoir d'être attentifs et vigilants, et de vaincre la tentation de l'indifférence. Pensons aussi à ceux qui ne se sentent pas aimés, qui n'ont pas d'espoir pour l'avenir, qui renoncent à s'engager dans la vie parce qu'ils sont découragés, déçus, craintifs. Nous devons apprendre à rester avec les pauvres. N'ayons pas la bouche pleine de belles paroles sur les pauvres ! Rencontrons-les, regardons-les dans les yeux, écoutons-les. Les pauvres sont pour nous une occasion concrète de rencontrer le Christ lui-même, de toucher sa chair souffrante.

Message pour la JMJ, 21 janvier 2014

**À la fin de tout, que reste-t-il ? Dieu et les autres !**

Dieu nous interpelle aujourd'hui sur le sens de notre existence. Par une image, on pourrait dire que ces lectures se présentent comme un « tamis » dans le déroulement de notre vie : elles nous rappellent que presque tout en ce monde passe, comme l'eau qui coule ; mais il y a de précieuses réalités qui demeurent, comme une pierre précieuse sur le tamis. Que reste-t-il, qu'est-ce qui a de la valeur dans la vie, quelles richesses ne s'évanouissent pas ? Sûrement deux : le *Seigneur* et le *prochain*. Ces deux richesses ne s'évanouissent pas. Voilà les plus grands biens à aimer. Tout le reste – le ciel, la terre, les choses les plus belles, même cette basilique – passe, mais nous ne devons pas exclure de notre vie *Dieu et les autres*.

Homélie, 13 novembre 2016

**Où est ton trésor ?**

Où est votre trésor ? Sur quel trésor repose votre cœur ? Oui, nos cœurs peuvent s'attacher aux vrais ou aux faux trésors, ils peuvent trouver un repos authentique ou s'endormir, devenant paresseux et engourdis. Le bien le plus précieux que nous pouvons avoir dans la vie est notre relation avec Dieu. En êtes-vous convaincus ? Êtes-vous conscients de la valeur inestimable que vous avez aux yeux de Dieu ? Savez-vous que vous êtes aimés et accueillis par lui, inconditionnellement, comme vous êtes ?

Quand cette perception diminue, l'être humain devient

une énigme incompréhensible, parce que savoir que l'on est aimé de Dieu inconditionnellement donne sens à notre vie. Vous rappelez-vous la conversation de Jésus avec le jeune homme riche ? (Cf. Mc 10, 17-22) L'évangéliste Marc note que le Seigneur fixa son regard sur lui et l'aima (cf. v. 21), l'invitant ensuite à le suivre pour trouver le vrai trésor.

Message pour la JMJ, 31 janvier 2015

### Où repose ton cœur ?

La question que je vais vous poser n'est pas originale. Je la prends dans l'Évangile. Mais je crois, après vous avoir entendus, que c'est peut-être la bonne question en ce moment pour vous. Où est ton trésor ? Voilà ma question. Où repose ton cœur ? Sur quel trésor repose ton cœur ? Parce que là où est ton trésor, là sera ta vie… Le cœur est attaché au trésor, à un trésor que nous avons tous : le pouvoir, l'argent, l'orgueil, tout cela… ou bien la bonté, la beauté, le désir de faire le bien… Il peut y avoir tellement de trésors… Où est ton trésor ? Voilà la question que je veux vous poser, mais vous devrez vous répondre à vous-mêmes, tout seuls, chez vous…

Rencontre avec des jeunes, 31 mars 2014

### Choisis l'homme et la femme que tu veux être : égoïste ou fraternel

Un authentique esprit de fraternité est vainqueur de l'égoïsme individuel qui empêche les personnes de vivre entre elles librement et harmonieusement. Cet égoïsme se développe socialement, soit dans les multiples formes de corruption, aujourd'hui partout répandues, soit dans la formation des organisations criminelles – des petits groupes jusqu'aux groupes organisés à l'échelle globale – qui, minant en profondeur la légalité et la justice, frappent au cœur la dignité de la personne.

Ces organisations offensent gravement Dieu, nuisent aux frères et lèsent la création, et encore plus lorsqu'elles ont une connotation religieuse.

Je pense au drame déchirant de la drogue sur laquelle on s'enrichit dans le mépris des lois morales et civiles, à la dévastation des ressources naturelles et à la pollution en cours, à la tragédie de l'exploitation dans le travail. Je pense aux trafics illicites d'argent comme à la spéculation financière, qui souvent prend un caractère prédateur et nocif pour des systèmes économiques et sociaux entiers, exposant des millions d'hommes et de femmes à la pauvreté. Je pense à la prostitution qui chaque jour fauche des victimes innocentes, surtout parmi les plus jeunes, leur volant leur avenir. Je pense à l'abomination du trafic des êtres humains, aux délits et aux abus contre les mineurs, à l'esclavage qui répand encore son horreur en tant de parties du monde, à la tragédie souvent inentendue des migrants sur lesquels on spécule indignement dans l'illégalité.

Message pour la Journée mondiale de la paix, 2014

## Apprends la sagesse des pauvres

Les pauvres ne sont pas seulement des personnes à qui nous pouvons donner quelque chose. Eux aussi *ont beaucoup à nous offrir et à nous apprendre*. Nous avons tant à apprendre de la sagesse des pauvres ! Pensez qu'un saint du XVIIIe siècle, Benoît Joseph Labre, qui dormait dans les rues de Rome et vivait des dons faits par les gens, était devenu le conseiller spirituel d'un grand nombre de personnes, parmi lesquelles même des nobles et des prélats. D'une certaine façon, les pauvres sont comme des maîtres pour nous. Ils nous montrent qu'une personne ne vaut pas tant par ce qu'elle possède ou par ce qu'elle a sur son compte en banque. Un pauvre, une personne privée de biens matériels, conserve toujours sa dignité. Les pauvres peuvent nous en apprendre beaucoup aussi sur l'humilité et la confiance en Dieu. Dans la parabole du pharisien et du publicain (Lc 18, 9-14), Jésus présente ce dernier comme un modèle parce qu'il est humble et se reconnaît pécheur. De même, la veuve qui jette deux petites pièces dans le trésor du temple est un exemple de la générosité de celui qui, n'ayant pratiquement rien, donne tout. (Lc 21, 1-4)

Message pour la JMJ, 21 janvier 2014

### Que l'Église soit la maison de ta consolation

Dieu ne nous console pas seulement dans le cœur ; avec le prophète Isaïe, il ajoute en effet « dans Jérusalem, vous serez consolés » (66, 13). À Jérusalem, c'est-à-dire dans la cité de Dieu, dans la communauté : quand nous sommes unis, quand il y a la communion entre nous, la consolation de Dieu agit. Dans l'Église, on trouve la consolation, elle est *la maison de la consolation* : là, Dieu désire consoler. Nous pouvons nous demander : moi qui suis dans l'Église, suis-je porteur de la consolation de Dieu ? Est-ce que je sais accueillir l'autre comme un hôte et consoler celui que je vois fatigué et déçu ? Même lorsqu'il subit des malheurs et des fermetures, le chrétien est toujours appelé à répandre l'espérance en celui qui est résigné, à redonner courage à celui qui est découragé, à porter la lumière de Jésus, la chaleur de sa présence, le réconfort de son pardon. Nombreux sont ceux qui souffrent, qui font l'expérience des épreuves et des injustices, qui vivent dans l'inquiétude. Il y a besoin de l'onction du cœur, de cette consolation du Seigneur qui n'enlève pas les problèmes, mais donne la force de l'amour, qui sait porter la douleur dans la paix.

Homélie, 1er octobre 2016

**Dans le dialogue, la route vers Dieu**

*Question (une fille) :* Je vois Dieu dans les autres. Et vous, où voyez-vous Dieu ?

*Réponse (pape François) :* Je cherche – je cherche ! – à le rencontrer dans toutes les circonstances de la vie. Je cherche… Je le trouve dans la lecture de la Bible, je le trouve dans la célébration des sacrements, dans la prière et j'essaie aussi de le chercher dans mon travail, dans les personnes, dans les différentes personnes… Je le trouve surtout dans les malades : les malades me font du bien, parce que je me demande, quand je suis avec un malade : pourquoi lui et pas moi ? Et je le trouve avec les détenus : pourquoi ce détenu et pas moi ? Et je parle avec Dieu : « Tu fais toujours des injustices : pourquoi lui et pas moi ? » Et je trouve Dieu là, mais toujours dans le dialogue. Cela me fait du bien de chercher à le trouver tout au long de la journée. Je ne réussis pas à le faire, mais j'essaie de faire cela, d'être en dialogue. Je ne réussis pas vraiment, les saints le faisaient bien, moi, pas encore… Mais telle est la route à suivre.

Rencontre avec des jeunes, 31 mars 2014

## Nous avons tous besoin de réconfort

Nous avons tous besoin de consolation, car aucun d'entre nous n'est exempt de souffrance, de douleur ou d'incompréhension. La douleur peut provoquer une parole haineuse, fruit de l'envie, de la jalousie et de la colère ! La souffrance entraîne l'expérience de la trahison, de la violence et de l'abandon ! L'amertume devant la mort des personnes chères ! Cependant, Dieu n'est jamais loin lorsque de tels drames sont vécus. Une parole qui réchauffe le cœur, une accolade qui te manifeste la compréhension, une caresse qui fait percevoir l'amour, une prière qui permet d'être plus fort… expriment la proximité de Dieu à travers la consolation offerte par les frères.

*Miséricorde et misère* (lettre apostolique), n° 13

## Nous sommes les reflets d'une lumière qui transforme

Jésus nous invite à être un reflet de sa lumière, à travers le témoignage des bonnes œuvres. Et il dit : « Ainsi votre lumière doit-elle briller devant les hommes afin qu'ils voient vos bonnes œuvres et glorifient votre Père qui est dans les cieux. » (Mt 5, 16) Ces paroles soulignent que nous sommes reconnaissables comme véritables disciples de celui qui est la Lumière du monde, non pas dans les paroles, mais dans nos œuvres. En effet, c'est avant tout notre comportement – dans le bien ou dans le mal – qui laisse une trace chez les autres. Nous avons donc un devoir et une responsabilité pour le don reçu : nous ne devons pas garder la lumière de la foi, qui est en nous au moyen du Christ et de l'action du Saint-Esprit, comme si elle était notre propriété. Au contraire, nous sommes appelés à la faire resplendir dans le monde, à la donner aux autres à travers les œuvres bonnes. Combien le monde a besoin de la lumière de l'Évangile qui transforme, guérit et garantit le salut à ceux qui l'accueillent ! Nous devons apporter cette lumière à travers nos bonnes œuvres.

Angélus, 5 février 2017

**Un sourire change la vie**

Demandons-nous comment, en tant que communauté ou comme individus, nous nous sentons interpellés quand, dans le quotidien, nous rencontrons ou avons affaire à des personnes qui pourraient être victimes du trafic d'êtres humains, ou quand nous devons choisir d'acheter des produits qui peuvent, en toute vraisemblance, avoir été fabriqués par l'exploitation d'autres personnes. Certains d'entre nous, par indifférence ou parce qu'ils sont assaillis par les préoccupations quotidiennes, ou pour des raisons économiques, ferment les yeux. D'autres, au contraire, choisissent de faire quelque chose de positif, de s'engager dans les associations de la société civile ou d'effectuer de petits gestes quotidiens – ces gestes ont tant de valeur ! –, comme adresser une parole, une salutation, un « bonjour » ou un sourire, qui ne nous coûtent rien, mais qui peuvent donner l'espérance, ouvrir des voies, changer la vie d'une personne qui vit dans l'invisibilité, et aussi changer notre vie par la confrontation à cette réalité.

Message pour la Journée mondiale de la paix, 2015

**Ta compassion peut survenir même dans le silence**

Parfois, le *silence* aussi pourra être une grande aide. Car parfois il n'y a pas de parole qui réponde aux questions de celui qui souffre. Cependant, la compassion de celui qui est présent, proche, qui aime et tend la main, peut suppléer l'absence de paroles. Il n'est pas vrai que le silence est la marque de l'impuissance. Au contraire, il est un moment de force et d'amour. Le silence aussi fait partie de notre langage de consolation, parce qu'il se transforme en œuvre concrète de partage et de participation à la souffrance du frère.

*Miséricorde et misère* (lettre apostolique), n° 13

**En communion d'amour**

Il ne suffit pas de savoir que Dieu est né, si l'on ne fait pas avec lui *Noël dans son cœur*. Dieu est né, oui, mais est-il né dans ton cœur ? Est-il né dans mon cœur ? Est-il né dans notre cœur ? Et ainsi nous le trouverons, comme les Mages, avec Marie, Joseph, dans l'étable.

Les Mages l'ont fait : ayant trouvé l'enfant, « ils se prosternèrent et lui rendirent hommage » (cf. v. 11). Ils n'ont pas seulement regardé, ils n'ont pas seulement récité une prière de circonstance et sont repartis, non, ils *ont adoré* : ils sont entrés dans une communion personnelle d'amour avec Jésus.

Angélus, 6 janvier 2017

**Nous sommes le sel qui donne de la saveur**

En se donnant, la lumière de notre foi ne s'éteint pas, mais se renforce. Elle peut au contraire disparaître si nous ne l'alimentons pas à travers l'amour et les œuvres de charité…

La mission des chrétiens dans la société est de donner de la « saveur » à la vie avec la foi et l'amour que le Christ nous a donnés, et dans le même temps, de tenir éloignés les germes polluants de l'égoïsme, de l'envie, de la médisance, etc.

Chacun de nous est appelé à être *lumière et sel* dans son cadre de vie quotidien, persévérant dans la tâche de régénérer la réalité humaine dans l'esprit de l'Évangile et dans la perspective du Royaume de Dieu.

Angélus, 5 février 2017

**Comme l'eau pour les haricots**

Il est important de savoir accueillir ; c'est encore plus beau que tout embellissement ou décoration. Lorsque nous sommes généreux dans l'accueil d'une personne, je vous le dis, et que nous partageons quelque chose avec elle – un peu de nourriture, une place dans notre maison, notre temps –, non seulement nous n'en sommes pas plus pauvres, mais nous nous enrichissons. Lorsqu'une personne qui a besoin de manger frappe à votre porte, je sais bien que vous trouvez toujours une façon de partager la nourriture ; comme dit le proverbe, on peut toujours « ajouter plus d'eau aux haricots » ! On peut ajouter plus d'eau aux haricots ?… Toujours ?… Et vous le faites avec amour, montrant que la véritable richesse n'est pas dans les choses, mais dans le cœur !

Discours, 25 juillet 2013

### Le bien paie plus que l'argent

Les différences n'empêchent pas l'harmonie, la joie et la paix, au contraire, elles sont l'occasion d'une connaissance plus profonde et d'une compréhension réciproque. Les différentes expériences religieuses s'ouvrent à l'amour respectueux et efficace envers le prochain ; chaque communauté religieuse s'exprime par l'amour et non par la violence, elle n'a pas honte de la bonté ! À celui qui la cultive en lui, la bonté donne une conscience tranquille, une joie profonde, même au milieu des difficultés et des incompréhensions. Jusque dans les offenses subies, la bonté n'est pas faiblesse, mais véritable force, capable de renoncer à la vengeance.

Le bien est une récompense en soi et nous rapproche de Dieu, le Bien suprême. Il nous fait penser comme lui, nous fait voir la réalité de notre vie à la lumière de son dessein d'amour sur chacun de nous, nous fait goûter les petites joies de chaque jour et nous soutient dans les difficultés et dans les épreuves.

Le bien paie infiniment plus que l'argent, qui au contraire déçoit, parce que nous avons été créés pour accueillir l'amour de Dieu et le donner à notre tour, et non pour mesurer chaque chose sur la base de l'argent ou du pouvoir. C'est le danger qui nous tuerait tous.

Discours, 21 avril 2014

**Les piliers du bonheur**

Il faut donner du pain à qui a faim ; c'est un acte de justice. Mais il y a aussi une faim plus profonde, la faim d'un bonheur que seul Dieu peut rassasier. Faim de dignité. Il n'y a ni véritable promotion du bien commun ni véritable développement de l'homme quand on ignore les piliers fondamentaux qui soutiennent une nation, ses biens immatériels : la *vie*, qui est don de Dieu, valeur à protéger et promouvoir toujours ; la *famille*, fondement de la vie en commun et remède contre le délitement social ; l'*éducation intégrale*, qui ne se réduit pas à une simple transmission d'informations dans le but de produire du profit ; la *santé*, qui doit rechercher le bien-être entier de la personne, aussi dans sa dimension spirituelle, essentielle pour l'équilibre humain et pour une saine cohabitation ; la *sécurité*, dans la conviction que la violence peut être vaincue seulement à partir du changement du cœur humain.

Discours, 25 juillet 2013

### Le pardon n'est pas une aumône

On peut pardonner. La blessure peut guérir, être guérie ; la blessure se referme. Mais souvent la cicatrice reste. Et cela signifie : « Je ne peux pas oublier, mais j'ai pardonné. » Toujours, le pardon. Mais ne va pas trouver quelqu'un pour lui donner le pardon comme si c'était une aumône, non. Le pardon naît dans le cœur et je commence à traiter cette personne comme si rien ne s'était passé… Un sourire et, lentement, le pardon vient. Le pardon ne se fait pas par décret : il nécessite un chemin intérieur de notre part, pour pardonner. Ce n'est pas facile…

Rencontre avec les enfants et les jeunes,
15 janvier 2017

### Ton espérance a besoin d'un corps qui la soutienne

L'espérance, pour se nourrir, *a nécessairement besoin d'un « corps »*, dans lequel les divers membres se soutiennent et se ravivent réciproquement. Cela veut alors dire que, si nous espérons, c'est parce que beaucoup de nos frères et sœurs nous ont enseigné à espérer et ont gardé notre espérance vivante. Et parmi eux se distinguent *les petits, les pauvres, les simples, les exclus*. En effet, celui qui s'enferme dans son bien-être ne connaît pas l'espérance : il espère seulement dans son bien-être et ce n'est pas cela, l'espérance. C'est une sécurité relative : celui qui s'enferme dans sa propre satisfaction, qui se sent toujours comme il faut, ne connaît pas l'espérance... Ceux qui espèrent sont en revanche ceux qui font chaque jour l'expérience de l'épreuve, de la précarité et de leurs propres limites. Ce sont ces frères qui nous donnent le plus beau témoignage, le plus fort, parce qu'ils demeurent fermes dans la confiance au Seigneur, en sachant que, au-delà de la tristesse, de l'oppression et du caractère inéluctable de la mort, la dernière parole sera la sienne, et ce sera une parole de miséricorde, de vie et de paix. Celui qui espère espère entendre dire un jour ces mots : « Viens, viens à moi, mon frère ; viens, viens à moi, ma sœur, pour toute l'éternité. »

Audience générale, 8 février 2017

**Pour obtenir une vie pleine : il faut stimuler et pas seulement punir**

Je me rappelle qu'une fois, dans une école, il y avait un élève qui était très fort pour jouer au football et un désastre dans son comportement en classe. On lui avait dit que la règle était que s'il ne se comportait pas bien, il allait devoir abandonner le football qui lui plaisait tant ! Étant donné qu'il continuait à mal se comporter, il resta deux mois sans jouer, et cela empira les choses. Il faut faire attention quand on punit : ce garçon empira. C'est vrai, je l'ai connu personnellement, ce garçon. Un jour, l'entraîneur parla avec la directrice et expliqua : « Cela ne va pas ! Laisse-moi essayer », dit-il à la directrice, et il lui demanda de laisser le jeune garçon recommencer à jouer. « Essayons », répondit cette dame. Et l'entraîneur le plaça comme capitaine de l'équipe. Alors cet enfant, ce garçon se sentit considéré, il sentit qu'il pouvait donner le meilleur de lui-même et il commença non seulement à mieux se comporter, mais à améliorer ses résultats scolaires. Cela me semble très important dans l'éducation. Très important. Parmi nos étudiants, il y en a certains qui sont portés sur le sport et pas tellement sur les sciences et d'autres qui réussissent mieux dans l'art plutôt qu'en mathématiques, et d'autres encore en philosophie plutôt qu'en sport. Un bon maître, un éducateur ou un entraîneur sait stimuler les bonnes qualités de ses élèves sans négliger les autres.

Discours, 25 mars 2017

### Que ta communauté aussi soit bienheureuse

Bienheureuses les communautés chrétiennes qui vivent cette authentique simplicité évangélique ! Pauvres de moyens, elles sont riches de Dieu. Bienheureux les pasteurs qui ne courent pas après la logique du succès mondain, mais suivent la loi de l'amour : l'accueil, l'écoute, le service. Bienheureuse l'Église qui ne se fie pas aux critères du fonctionnalisme et de l'efficacité dans l'organisation et ne s'occupe pas du retour d'image.

Homélie, 1er octobre 2016

### Vis telle une personne réconciliée

L'homme réconcilié voit en Dieu le Père de tous et, par conséquent, il est incité à vivre une fraternité ouverte à tous. Dans le Christ, l'autre est accueilli et aimé en tant que fils ou fille de Dieu, comme frère ou sœur, non comme un étranger, encore moins comme un antagoniste ou même un ennemi. Dans la famille de Dieu, où tous sont enfants d'un même père, et parce que greffés dans le Christ, *fils dans le Fils*, il n'y a pas de « vies de déchet ». Tous jouissent d'une dignité égale et intangible.

Message pour la Journée mondiale de la paix, 2014

# La famille, plénitude de la vie

« J'ai besoin de reposer dans le Seigneur avec les familles,
et d'évoquer le souvenir de ma famille : mon père, ma
mère, mon grand-père,
ma grand-mère… »

*16 janvier 2015*

## L'inquiétude de l'homme seul

Jésus, dans sa réflexion sur le mariage, nous renvoie à une autre page de la Genèse, le chapitre 2, où apparaît un admirable portrait du couple avec des détails lumineux. Choisissons-en seulement deux. Le premier est l'inquiétude de l'homme qui cherche « une aide qui lui corresponde » (vv. 18, 20), capable de combler cette solitude qui le perturbe et qui n'est pas comblée par la proximité des animaux et de toute la création. L'expression originelle en hébreu nous renvoie à une relation directe, presque « frontale » – les yeux dans les yeux –, dans un dialogue également silencieux, car dans l'amour les silences sont d'habitude plus éloquents que les paroles. C'est la rencontre avec un visage, un « tu » qui reflète l'amour divin et est « le principe de la fortune, une aide semblable à l'homme, une colonne d'appui », comme dit un sage de la Bible (Si 36, 24). Ou bien comme s'exclamera la femme du Cantique des cantiques dans une merveilleuse profession d'amour et de don réciproque : « Mon bien-aimé est à moi, et moi à lui [...]. Je suis à mon bien-aimé, et mon bien-aimé est à moi ! » (2, 16 ; 6, 3) De cette rencontre qui remédie à la solitude surgissent la procréation et la famille.

*Amoris lætitia*, n° 12

### Ta famille a-t-elle encore des rêves ?

J'aime beaucoup l'idée de rêver en famille ! Toutes les mamans et tous les papas ont rêvé de leur enfant pendant neuf mois. C'est vrai, ou non ? Rêver comment sera cet enfant… C'est impossible une famille qui ne rêve pas. Quand la capacité de rêver se perd dans une famille, les enfants ne grandissent pas, l'amour ne grandit pas, la vie s'affaiblit et s'éteint. C'est pour cela que je vous recommande que le soir, quand vous faites l'examen de conscience, vous posiez aussi cette question : est-ce que j'ai rêvé aujourd'hui l'avenir de mes enfants ? Est-ce que j'ai rêvé l'amour de mon époux, de mon épouse ? Est-ce que j'ai rêvé mes parents, mes grands-parents qui ont porté l'histoire jusqu'à moi ? C'est tellement important de rêver ! Avant tout, rêver dans une famille. Ne perdez pas cette capacité à rêver !

Discours, 16 janvier 2015

### La plénitude humaine « en une seule chair »

Adam, qui est aussi l'homme de tous les temps et de toutes les régions de notre planète, avec sa femme, donne naissance à une nouvelle famille, comme le répète Jésus en citant la Genèse : « Il quittera son père et sa mère pour s'attacher à sa femme, et les deux ne feront qu'une seule chair. » (Mt 19, 5 ; cf. Gn 2, 24). Le verbe « s'attacher » dans le texte original hébreu indique une étroite syntonie, un attachement physique et intérieur, à tel point qu'on l'utilise pour décrire l'union avec Dieu : « Mon âme s'attache à toi », chante l'orant (Ps 63, 9). L'union matrimoniale est ainsi évoquée non seulement dans sa dimension sexuelle et corporelle, mais aussi en tant que don volontaire d'amour. L'objectif de cette union est de « parvenir à être une seule chair », soit par l'étreinte physique, soit par l'union des cœurs et des vies et, peut-être, à travers l'enfant qui naîtra des deux et portera en lui, en unissant, non seulement génétiquement mais aussi spirituellement, les deux « chairs ».

*Amoris lætitia*, n° 13

**Fais de l'amour quelque chose de « normal »**

Toute famille chrétienne – comme le firent Marie et Joseph – peut avant tout accueillir Jésus, l'écouter, parler avec lui, l'abriter, le protéger, croître avec lui ; et ainsi, rendre le monde meilleur. Faisons une place dans notre cœur, dans nos journées au Seigneur. Ainsi firent aussi Marie et Joseph, et ce ne fut pas facile : que de difficultés ils durent surmonter ! Ce n'était pas une fausse famille, ce n'était pas une famille irréelle. La famille de Nazareth nous engage à redécouvrir la vocation et la mission de la famille, de chaque famille. Et, comme cela eut lieu pendant ces trente ans à Nazareth, ainsi peut-il aussi en être pour nous : faire devenir normal l'amour et non la haine, faire devenir commune l'aide réciproque, et non l'indifférence ou l'inimitié.

Audience générale, 17 décembre 2014

**Ne réduis pas le don pour l'autre à une prestation de services**

La liberté de choisir permet de projeter sa vie et de cultiver le meilleur de soi-même, mais si elle n'a pas de nobles objectifs ni de discipline personnelle, elle dégénère en une incapacité à se donner généreusement. De fait, dans beaucoup de pays où le nombre de mariages diminue, le nombre de personnes qui décident de vivre seules ou qui ont une vie commune sans cohabiter augmente. Nous pouvons aussi souligner l'admirable sens de la justice ; mais, mal compris, il transforme les citoyens en clients qui exigent seulement que des services soient assurés.

*Amoris lætitia*, n° 33

**Venez à moi et je vous donnerai le repos !**

Chères familles, le Seigneur connaît nos fatigues : il les connaît ! Et il connaît les poids de notre vie. Mais le Seigneur connaît aussi notre profond désir de trouver la joie du repos ! Vous vous rappelez ? Jésus a dit : « Que votre joie soit complète. » (Jn 15, 11) Jésus veut que notre joie soit complète. Il l'a dit aux apôtres et il nous le répète aujourd'hui. Alors, ceci est la première chose que, ce soir, je veux partager avec vous, et c'est une parole de Jésus : « Venez à moi, familles du monde entier, dit Jésus, et je vous donnerai le repos, afin que votre joie soit complète. » Et cette parole de Jésus, portez-la chez vous, portez-la dans votre cœur, partagez-la en famille. Il nous invite à venir à lui pour nous donner, pour donner à tous la joie.

Discours, 26 octobre 2013

## Redécouvre la joie de s'embrasser

C'est dans la famille que se développe principalement la capacité de s'embrasser, de se soutenir, de s'accompagner, de déchiffrer les regards et les silences, de rire et de pleurer ensemble, entre des personnes qui ne se sont pas choisies et qui pourtant sont si importantes l'une pour l'autre ; cela nous fait comprendre ce qu'est vraiment la communication comme *découverte* et *construction de proximité*. Réduire les distances, se rencontrer et s'accueillir mutuellement est un motif de gratitude et de joie : de la salutation de Marie et du tressaillement du bébé jaillit la bénédiction d'Élisabeth, suivie par le beau Cantique du *Magnificat*, dans lequel Marie fait l'éloge du dessein d'amour de Dieu sur elle et sur son peuple. D'un « oui » prononcé avec foi découlent des conséquences qui vont bien au-delà de nous-mêmes et se répandent dans le monde.

Message, 23 janvier 2015

## Quand la famille prie ensemble, elle reste ensemble

Se reposer dans la prière est particulièrement important pour les familles. C'est en famille que nous apprenons d'abord comment prier. N'oubliez pas : quand la famille prie ensemble, elle reste ensemble. C'est important. Là, nous arrivons à connaître Dieu, à grandir comme hommes et femmes de foi, à nous voir comme membres de la plus grande famille de Dieu, l'Église. En famille, nous apprenons comment aimer, comment pardonner, comment être généreux et ouverts, et non pas fermés ou égoïstes. Nous apprenons à aller au-delà de nos besoins, à rencontrer les autres et à partager nos vies avec eux. Voilà pourquoi il est si important de prier en famille, si important ! Voilà pourquoi les familles sont si importantes dans le plan de Dieu pour l'Église ! Se reposer dans le Seigneur, c'est prier ensemble, en famille.

Discours, 16 janvier 2015

**La famille parfaite n'existe pas : fais-en une école de pardon**

La famille est plus que tout autre le lieu où, vivant ensemble au quotidien, l'on fait l'expérience de ses propres *limites* et de celles des autres, des petits et des grands problèmes de la coexistence, de l'entente mutuelle. La famille parfaite n'existe pas, mais nous ne devons pas avoir peur de l'imperfection, de la fragilité, voire des conflits ; il faut apprendre à les affronter de manière constructive. Ainsi, la famille où l'on s'aime malgré les propres limites et les péchés devient une *école de pardon*.

Message, 23 janvier 2015

**Dites aux jeunes époux que leur amour est beau !**

L'amour sponsal et familial révèle aussi clairement la vocation de la personne à aimer de manière unique et pour toujours, et que les épreuves, les sacrifices et les crises du couple, ainsi que de la famille elle-même, représentent des passages pour grandir dans le bien, dans la vérité et dans la beauté. Dans le mariage, on se donne complètement, sans calcul ni réserve, en partageant tout, les dons et les sacrifices, en s'en remettant à la providence de Dieu. Telle est l'expérience que les jeunes peuvent apprendre de leurs parents et de leurs grands-parents. C'est une expérience de foi en Dieu et de confiance réciproque, de liberté profonde, de sainteté, parce que la sainteté suppose de se donner avec fidélité et sacrifice chaque jour de la vie ! Mais il existe des problèmes dans le mariage. Il y a toujours divers points de vue, des jalousies, on se dispute. Mais il faut dire aux jeunes époux de ne jamais finir la journée sans faire la paix entre eux. Le sacrement du mariage est renouvelé dans cet acte de paix après une discussion, un malentendu, une jalousie cachée, même un péché. Faire la paix qui donne l'unité à la famille ; et il faut dire cela aux jeunes, aux jeunes couples, qu'il n'est pas facile de prendre cette route, mais elle est si belle, cette route, si belle. Il faut le dire !

Discours, 25 octobre 2013

## Ne transforme pas l'Évangile en pierres mortes à lancer contre les pauvres

Je veux souligner la situation des familles submergées par la misère, touchées de multiples manières, où les contraintes de la vie sont vécues de manière déchirante. Si tout le monde a des difficultés, elles deviennent plus dures dans une famille très pauvre. Par exemple, si une femme doit élever seule son enfant, à cause d'une séparation – ou pour d'autres raisons – et doit travailler sans avoir la possibilité de le confier à une autre personne, il grandit dans un abandon qui l'expose à tout type de risques, et sa maturation personnelle s'en trouve compromise. Dans les situations difficiles que vivent les personnes qui sont le plus dans le besoin, l'Église doit surtout avoir à cœur de les comprendre, de les consoler, de les intégrer, en évitant de leur imposer une série de normes, comme si celles-ci étaient un roc, avec pour effet qu'elles se sentent jugées et abandonnées précisément par cette mère qui est appelée à les entourer de la miséricorde de Dieu. Ainsi, au lieu de leur offrir la force régénératrice de la grâce et la lumière de l'Évangile, certains veulent en faire une doctrine, le transformer en « pierres mortes à lancer contre les autres ».

*Amoris lætitia*, n° 49

**Une famille qui éduque au bien est une bénédiction pour le monde**

Quand les familles donnent naissance aux enfants dans notre monde, les éduquent à la foi ainsi qu'aux valeurs saines, et leur enseignent à offrir leur contribution à la société, elles deviennent une bénédiction pour notre monde. Les familles peuvent devenir une bénédiction pour le monde ! L'amour de Dieu devient présent et actif à travers la manière dont nous nous aimons et par les bonnes œuvres que nous réalisons. Nous faisons croître le Royaume du Christ en ce monde. En faisant cela, nous nous montrons fidèles à la mission prophétique que nous avons reçue dans le baptême.

Discours, 16 janvier 2015

## L'importance de marcher unis

Je pense parfois aux couples mariés qui après tant d'années se séparent. « Eh non, nous ne nous entendons pas, nous nous sommes éloignés. » Peut-être n'ont-ils pas su demander pardon à temps. Peut-être n'ont-ils pas su pardonner à temps. Moi, je donne toujours ce conseil aux nouveaux époux : « Disputez-vous autant que vous le voulez. Si les assiettes volent, laissez-les voler. Mais ne laissez jamais la journée finir sans faire la paix ! Jamais ! » Si, dans les mariages, on apprend à dire « Je te demande pardon, j'étais fatigué », ou seulement à faire un petit geste, c'est cela la paix ; et la vie reprend le lendemain. C'est un beau secret, et cela évite ces séparations douloureuses. Comme il est important de marcher unis, sans fuite en avant, sans nostalgie du passé. Et tandis que l'on marche, on parle, on se connaît, on se raconte les uns aux autres, on croît en tant que famille. Ici, demandons-nous : comment marchons-nous ?

Discours, 4 octobre 2013

## Comme la richesse de la relation homme / femme est belle !

La famille la plus belle, protagoniste et non pas problématique, est celle qui sait *communiquer*, en partant du *témoignage*, de la beauté et de la richesse de la relation entre homme et femme, et entre parents et enfants. Nous ne luttons pas pour défendre le passé, mais nous travaillons avec patience et confiance, dans tous les milieux que nous habitons au quotidien, pour construire l'avenir.

Message, 23 janvier 2015

**La mission de ta famille est « de faire place à Jésus dans le monde »**

« Nazareth » signifie « Celle qui garde », comme Marie qui – dit l'Évangile – « gardait toutes ces choses en son cœur ». (Lc 2, 19-51) Depuis lors, chaque fois qu'une famille garde ce mystère, fût-ce même à la périphérie du monde, le mystère du Fils de Dieu, le mystère de Jésus qui vient nous sauver est à l'œuvre. Et il vient pour sauver le monde. Et telle est la grande mission de la famille : faire place à Jésus qui vient, accueillir Jésus dans la famille, dans la personne des enfants, du mari, de la femme, des grands-parents… Jésus est là. L'accueillir là, pour qu'il croisse spirituellement dans cette famille.

Audience générale, 17 décembre 2014

**Ton sein, ton lien, ta langue…**

Même après la naissance, nous restons dans un certain sens dans le « sein » que représente la famille. *Un sein constitué de personnes différentes, en relation* : la famille est le « lieu où l'on apprend à vivre ensemble dans la différence » (*Evangelii gaudium*, n° 66). Différences de genres et de générations, qui communiquent avant tout afin de s'accueillir mutuellement, car il existe un lien entre elles. Et plus large est l'éventail de ces relations, plus sont différents les âges, plus riche est notre cadre de vie. C'est le *lien* qui est au fondement de la *parole*, qui à son tour le renforce. Nous n'inventons pas les mots : nous pouvons les utiliser parce que nous les avons reçus. C'est dans la famille que l'on apprend à parler dans la « langue maternelle », c'est-à-dire la langue de nos ancêtres (cf. 2M 7, 25-27). En famille, on se rend compte que d'autres nous ont précédés, qu'ils nous ont mis dans la condition d'exister et de pouvoir à notre tour engendrer la vie et faire quelque chose de bon et de beau. Nous pouvons donner parce que nous avons reçu, et ce cercle vertueux est au cœur de la capacité de la famille à se communiquer et à communiquer ; et, plus généralement, c'est le paradigme de toute communication.

Message, 23 janvier 2015

**Quand la joie des jeunes rencontre la consolation des personnes âgées**

À propos de la Vierge et de saint Joseph, [Luc] répète à quatre reprises qu'« ils voulaient faire ce qui était prescrit par la Loi du Seigneur » (cf. Lc 2, 22-23-24-27). On saisit, on perçoit presque que les parents de Jésus ont la joie d'observer les préceptes de Dieu, oui, la joie de marcher dans la Loi du Seigneur ! Ce sont deux nouveaux époux, ils viennent d'avoir leur enfant, et ils sont entièrement animés du désir d'accomplir ce qui est prescrit. Cela n'est pas un fait extérieur, ce n'est pas pour se sentir en règle, non ! C'est un désir fort, profond, plein de joie. C'est ce que dit le psaume : « Dans la voie de ton témoignage, j'ai ma joie… Ta loi fait mes délices. » (119, 14-77)

Et que dit saint Luc à propos des personnes âgées ? Il souligne plus d'une fois qu'elles *étaient guidées par le Saint-Esprit.* Il affirme à propos de Siméon que c'était un homme juste et pieux, qui attendait la consolation d'Israël, et que « l'Esprit saint reposait sur lui » (2, 25) ; il dit que « l'Esprit saint l'avait averti » qu'avant de mourir il aurait vu le Christ, le Messie (v. 26) ; et enfin qu'il se rendit au Temple « poussé par l'Esprit ». (v. 27) À propos d'Anne, il dit ensuite que c'était une « prophétesse » (v. 36), c'est-à-dire inspirée par Dieu ; et qu'elle était toujours dans le Temple « servant Dieu dans le jeûne et la prière ». (v. 37) En somme, ces deux personnes âgées sont pleines de vie ! Elles sont pleines de vie, car elles sont animées par le Saint-Esprit, dociles à son action, sensibles à ses appels…

Et voilà la rencontre entre la Sainte Famille et ces deux représentants du peuple saint de Dieu. Au centre se trouve Jésus. C'est lui qui anime tout, qui attire les uns et les autres au temple, qui est la maison de son Père.

C'est une rencontre entre les jeunes pleins de joie dans l'observation de la Loi du Seigneur et les personnes âgées pleines de joie en raison de l'action du Saint-Esprit. C'est *une rencontre particulière entre observance et prophétie*, où les jeunes sont les observants et les personnes âgées sont les prophètes ! En réalité, si nous réfléchissons bien, l'observance de la Loi est animée par l'Esprit lui-même, et la prophétie a lieu sur la route tracée par la Loi. Qui plus que Marie est emplie du Saint-Esprit ? Qui plus qu'elle est docile à son action ?

Homélie, 2 février 2014

**Visite, ouvre les portes, ne t'enferme pas, réconforte…**

« Visiter » signifie « ouvrir les portes », et non pas se retirer dans ses appartements, sortir, aller vers l'autre.

Ainsi, la famille est vivante si elle respire en s'ouvrant au-delà d'elle-même, et les familles qui le font peuvent communiquer leur message de vie et de communion, peuvent donner réconfort et espérance aux familles plus blessées et faire croître l'Église elle-même, qui est la famille des familles.

Message, 23 janvier 2015

**Transforme ta famille en un récit de communion**

La famille n'est pas un objet sur lequel on communique des opinions, ou un terrain où mener des batailles idéologiques, mais *un milieu où l'on apprend à communiquer* dans la proximité, et elle est un sujet qui communique, une « communauté communicante ». Une communauté qui sait accompagner, célébrer et faire fructifier. En ce sens, il est possible de rétablir un regard capable de reconnaître que la famille continue d'être une grande ressource, et pas seulement un problème ou une institution en crise. Les *médias* ont parfois tendance à présenter la famille comme s'il s'agissait d'un modèle abstrait à accepter ou à rejeter, à défendre ou à attaquer, et non une réalité concrète à vivre ; ou comme s'il s'agissait d'une idéologie de l'un contre l'autre, plutôt que le lieu où tous, nous apprenons ce que signifie communiquer dans l'amour reçu et donné. Faire ce récit de communion implique de bien comprendre que nos vies sont tissées dans une seule trame unitaire, que les voix sont multiples et que chacune est irremplaçable.

Message, 23 janvier 2015

# Des existences réussies : les vocations vécues dans la joie

« N'ayez pas peur de montrer votre joie
d'avoir répondu à l'appel du Seigneur,
à son choix d'amour et de témoignage de son Évangile. »

*6 juillet 2013*

**Une *sequela* triste est une triste *sequela***

Que ne se voient pas parmi nous des visages tristes, des personnes mécontentes et insatisfaites, parce qu'« une *sequela* triste est une triste *sequela* ».

Nous aussi, comme tous les autres hommes et femmes, nous avons des difficultés : nuits de l'esprit, déceptions, maladies, déclin des forces dû à la vieillesse. C'est précisément en cela que nous devrions trouver la « joie parfaite », apprendre à reconnaître le visage du Christ qui s'est fait en tout semblable à nous, et donc éprouver la joie de nous savoir semblables à lui qui, par amour pour nous, n'a pas refusé de subir la croix.

Dans une société qui exhibe le culte de l'efficacité, de la recherche de la santé, du succès, et qui marginalise les pauvres et exclut les « perdants », nous pouvons témoigner, à travers notre vie, de la vérité des paroles de l'Écriture : « Quand je suis faible, c'est alors que je suis fort. » (2Co 12,10)

Lettre aux consacrés, 21 novembre 2014

## Le lieu où naît la joie

Je voulais vous dire un mot et ce mot, c'est la *joie*. Partout où il y a les consacrés, les séminaristes, les religieuses et les religieux, il y a de la joie, il y a toujours de la joie ! C'est la joie de la fraîcheur, c'est la joie de suivre Jésus, la joie que nous donne le Saint-Esprit ; pas la joie mondaine. Il y a de la joie ! Mais où naît la joie ? Elle naît… Samedi soir, je rentre à la maison et j'irai danser avec mes vieux amis ? C'est de là que naît la joie ? Pour un séminariste, par exemple ? Non ? Ou oui ?

Rencontre avec des séminaristes et des novices,
6 juillet 2013

## Contagion et attraction

« L'Église ne grandit pas par prosélytisme, mais par attraction » ; l'attraction du témoignage de cette joie qui annonce Jésus Christ. Ce témoignage qui naît de la joie acceptée puis transformée en annonce. C'est la joie fondatrice. Sans cette joie, sans cette allégresse, on ne peut pas fonder une Église ! On ne peut pas fonder une communauté chrétienne ! C'est une joie apostolique, qui irradie, qui se diffuse. Je me demande, comme Pierre : suis-je capable de m'asseoir à côté d'un frère et d'expliquer lentement le don de la parole que j'ai reçu et de le contaminer avec ma joie ? Suis-je capable de convoquer autour de moi l'enthousiasme de ceux qui découvrent en nous le miracle d'une vie nouvelle, que l'on ne peut pas contrôler, à laquelle nous devons docilité, parce qu'elle nous attire, nous porte ? Cette nouvelle vie qui naît de la rencontre avec le Christ ?

Homélie, 24 avril 2014

### Le flair du peuple et le nom du chien

Qu'y a-t-il de plus beau pour nous que de marcher avec notre peuple ? Cela est beau ! Lorsque je pense à ces curés qui connaissaient le nom des personnes de la paroisse, qui allaient leur rendre visite ; il y en avait un qui me disait : « Je connais le nom du chien de chaque famille. » Ils connaissaient même le nom du chien ! Comme c'était beau ! Qu'y a-t-il de plus beau ? Je le répète souvent, marcher avec notre peuple, parfois devant, parfois au milieu, et parfois derrière : devant, pour guider la communauté ; au milieu, pour l'encourager et la soutenir ; derrière, pour la maintenir unie afin que personne ne demeure trop en arrière, pour la garder unie, mais aussi pour une autre raison, parce que le peuple a « du flair » ! Il a du flair pour trouver de nouvelles voies sur le chemin, il possède le *sensus fidei* dont parlent les théologiens. Qu'y a-t-il de plus beau ?

Discours, 4 octobre 2013

### Ouvre ton cœur à de grands idéaux

Aucune vocation ne naît toute seule ou ne vit pour elle-même. La vocation jaillit du cœur de Dieu et germe dans la bonne terre du peuple fidèle, dans l'expérience de l'amour fraternel. Jésus n'a-t-il peut-être pas dit : « À ceci tous reconnaîtront que vous êtes mes disciples : si vous avez de l'amour les uns pour les autres. » (Jn 13, 35) La véritable joie des appelés consiste à croire et à faire l'expérience que le Seigneur, lui, est fidèle, et qu'avec lui nous pouvons marcher, être des disciples et des témoins de l'amour de Dieu, ouvrir notre cœur à de grands idéaux, à de grandes choses.

Message, 11 mai 2014

**Le bien est contagieux**

Saint Thomas disait : « *Bonum est diffusivum sui* » – ce n'est pas du latin trop difficile ! – le bien se diffuse. Et la joie aussi se diffuse… La joie, la vraie, est contagieuse, elle contamine… elle fait avancer. En revanche, lorsque l'on se trouve avec un séminariste trop sérieux, trop triste, ou avec une novice comme ça, on pense : mais il y a quelque chose qui ne va pas ! Il manque la joie du Seigneur, la joie qui te pousse au service, la joie de la rencontre avec Jésus, qui te conduit à la rencontre des autres pour annoncer Jésus. Il manque cela ! Il n'y a pas de sainteté dans la tristesse, il n'y en a pas ! Sainte Thérèse disait : « Un saint triste est un triste saint ! » C'est peu de chose… Quand on rencontre un séminariste, un prêtre, une sœur, une novice qui tire une tête longue, triste, qui donne l'impression qu'on a jeté sur sa vie une couverture bien trempée, de ces couvertures bien lourdes, qui tirent vers le bas, il y a quelque chose qui ne va pas ! Alors, s'il vous plaît : jamais de sœurs, jamais de prêtres avec une tête de « piment au vinaigre », jamais !

Rencontre, 6 juillet 2013

### L'Évangile, il ne suffit pas de le lire : il faut le vivre

La question que nous sommes appelés à nous poser au cours de cette année est de savoir si nous aussi nous nous laissons interpeller par l'Évangile et comment ; s'il est vraiment le *vademecum* pour notre vie de chaque jour et pour les choix que nous sommes appelés à faire. Il est exigeant et demande à être vécu avec radicalité et sincérité. Il ne suffit pas de le lire (même si la lecture et l'étude restent d'extrême importance), il ne suffit pas de le méditer (et nous le faisons avec joie chaque jour). Jésus nous demande de le mettre en œuvre, de vivre ses paroles.

Lettre aux consacrés, 21 novembre 2014

### Le vrai problème du célibat est le manque de fécondité

La joie qui vient de Jésus. Pensez à cela. Quand un prêtre – je dis un prêtre, mais ça pourrait aussi être un séminariste –, quand un prêtre, une sœur n'a pas de joie, qu'il ou elle est triste, vous pouvez penser : « Mais c'est un problème psychologique. » C'est vrai : c'est possible, c'est possible, bien sûr. Cela peut arriver, certains, les pauvres, tombent malades… Cela peut arriver. Mais en général, ce n'est pas un problème psychologique. C'est un problème d'insatisfaction ? Eh oui ! Mais quelle est la cause de cette absence de joie ? C'est un problème de célibat. Je vous explique. Vous autres, séminaristes, sœurs, vous consacrez votre amour à Jésus, un grand amour. Notre cœur est pour Jésus et cela nous pousse à faire le vœu de chasteté, le vœu de célibat. Mais le vœu de chasteté et le vœu de célibat ne s'arrêtent pas au moment du vœu, ils continuent…

Un chemin qui mûrit, mûrit, mûrit jusqu'à la paternité pastorale, jusqu'à la maternité pastorale, et quand un prêtre n'est pas père de sa communauté, quand une sœur n'est pas mère de tous ceux avec lesquels elle travaille, ils deviennent tristes. Voilà le problème. C'est pourquoi je vous le dis : la racine de la tristesse dans la vie pastorale réside précisément dans l'absence de paternité et de maternité qui vient de ce que l'on vit mal cette consécration, qui doit au contraire nous amener à la fécondité. On ne peut pas imaginer un prêtre ou une sœur qui ne soient pas féconds : ce n'est pas catholique ! Ce n'est pas catholique ! C'est cela la beauté de la consécration, c'est la joie, la joie…

Rencontre, 6 juillet 2013

### Le don d'un véritable prêtre

La joie du prêtre est un bien précieux, non seulement pour lui, mais aussi pour tout le peuple fidèle de Dieu : ce peuple fidèle au milieu duquel le prêtre est appelé pour être oint et auquel il est envoyé pour oindre.

Oints avec l'huile de joie pour oindre avec l'huile de joie. La joie sacerdotale prend sa source dans l'amour du Père, et le Seigneur désire que la joie de cet amour « soit en nous », et soit « pleine » (Jn 15, 11)… Le prêtre est le plus pauvre des hommes si Jésus ne l'enrichit pas de sa pauvreté, il est le serviteur le plus inutile si Jésus ne l'appelle pas ami, le plus insensé des hommes si Jésus ne l'instruit pas patiemment comme Pierre, le plus sans défense des chrétiens si le Bon Pasteur ne le fortifie pas au milieu de son troupeau. Personne n'est plus petit qu'un prêtre laissé à ses seules forces ; donc notre prière de protection contre tout piège du Malin est la prière de notre Mère : je suis prêtre parce qu'il a regardé avec bonté ma petitesse (cf. Lc 1, 48). Et à partir de cette petitesse, nous accueillons notre joie. Joie de notre petitesse !

Homélie, 17 avril 2014

### Le sens de la prêtrise se trouve hors de soi

Beaucoup, en parlant de la crise de l'identité sacerdotale, ne tiennent pas compte que l'identité suppose l'appartenance. Le prêtre qui prétend trouver l'identité sacerdotale en la recherchant introspectivement dans sa propre intériorité ne trouve peut-être rien d'autre que des panneaux qui disent « sortie » : Sors de toi-même, sors à la recherche de Dieu dans l'adoration, sors et donne à ton peuple ce qui t'a été confié, et ton peuple aura soin de te faire sentir et goûter qui tu es, comment tu t'appelles, quelle est ton identité. Si tu ne sors pas de toi-même, l'huile devient rance, et l'onction ne peut être féconde. Sortir de soi-même demande de se dépouiller de soi, implique la pauvreté.

Homélie, 17 avril 2014

### Vis le présent avec passion

Vivre le présent avec passion signifie devenir « experts de communion », « témoins et artisans de ce "projet de communion" qui se trouve au sommet de l'histoire de l'homme selon Dieu ». Dans une société de l'affrontement, de la cohabitation difficile entre des cultures différentes, du mépris des plus faibles, des inégalités, nous sommes appelés à offrir un modèle concret de communauté qui, à travers la reconnaissance de la dignité de chaque personne et du partage du don dont chacun est porteur, permette de vivre des relations fraternelles.

Soyez donc des femmes et des hommes de communion, rendez-vous présents avec courage là où il y a des disparités et des tensions, et soyez signe crédible de la présence de l'Esprit qui infuse dans les cœurs la passion pour que tous soient un.

Lettre aux consacrés, 21 novembre 2014

### Marqués au fer rouge de la passion pour le Royaume

L'humanité a un grand besoin de puiser dans le salut apporté par le Christ. Les disciples sont ceux qui se laissent saisir toujours plus par l'amour de Jésus et marquer au feu de la passion pour le Royaume de Dieu, afin d'être porteurs de la joie de l'Évangile. Tous les disciples du Seigneur sont appelés à alimenter la joie de l'évangélisation.

Les évêques, en tant que premiers responsables de l'annonce, ont le devoir de favoriser l'unité de l'Église locale dans l'engagement missionnaire, en tenant compte du fait que la joie de communiquer Jésus Christ s'exprime autant dans la préoccupation de l'annoncer dans les lieux les plus lointains que dans une constante sortie en direction des périphéries de leur propre territoire, où se trouve le plus grand nombre de personnes pauvres dans l'attente.

Message, 8 juin 2014

### Entonne le chant de l'espérance

Accompagnons Jésus pour qu'il rencontre son peuple, pour qu'il soit au milieu de son peuple, non pas dans la lamentation ou dans l'anxiété de celui qui a oublié de prophétiser parce qu'il ne prend pas en charge les rêves de ses pères, mais dans la louange et dans la sérénité ; non pas dans l'agitation, mais dans la patience de celui qui se fie à l'Esprit, Seigneur des rêves et de la prophétie. Et ainsi, nous partageons ce qui nous appartient : le chant qui naît de l'espérance.

Homélie, 2 février 2017

### Là où il y a les religieux, il y a la joie

Que soit toujours vrai ce que j'ai dit un jour : « Là où il y a les religieux, il y a la joie. » Que nous soyons appelés à expérimenter et à montrer que Dieu est capable de combler notre cœur et de nous rendre heureux, sans avoir besoin de chercher ailleurs notre bonheur ; que l'authentique fraternité vécue dans nos communautés alimente notre joie ; que notre don total dans le service de l'Église, des familles, des jeunes, des personnes âgées, des pauvres nous réalise en tant que personnes et donne plénitude à notre vie.

Lettre aux consacrés, 21 novembre 2014

### La joie de Jésus est nos noms inscrits au ciel

L'évangéliste raconte que le Seigneur envoya les soixante-douze disciples deux par deux, dans les villes et les villages pour annoncer que le Royaume de Dieu s'était fait proche et pour préparer les personnes à la rencontre avec Jésus. Après avoir accompli cette mission d'annonce, les disciples revinrent pleins de joie : la joie est un thème dominant de cette première et inoubliable expérience missionnaire. Le Divin Maître leur dit : « Ne vous réjouissez pas de ce que les esprits vous sont soumis ; mais réjouissez-vous de ce que vos noms se trouvent inscrits dans les cieux. » À cette heure même, il tressaillit de joie sous l'action de l'Esprit saint et il dit : « Je te bénis, Père » [...] Puis, se tournant vers ses disciples, il leur dit en particulier : « Heureux les yeux qui voient ce que vous voyez ! » (Lc 10, 21-24) Ce sont les trois scènes présentées par Luc. D'abord, Jésus parla aux disciples, puis il s'adressa au Père avant de parler de nouveau avec eux. Jésus voulut faire participer les disciples à sa joie, qui était différente et supérieure à celle dont ils avaient fait l'expérience.

Les disciples étaient *pleins de joie*, enthousiastes du pouvoir de libérer les personnes des démons. Toutefois, Jésus les avertit de ne pas se réjouir tant pour le pouvoir reçu que pour l'amour reçu : « parce que vos noms se trouvent inscrits dans les cieux ». (Lc 10, 20) En effet, l'expérience de l'amour de Dieu leur a été donnée ainsi que la possibilité de le partager. Et cette expérience des disciples est un motif de gratitude joyeuse pour le cœur de Jésus. Luc a saisi cette jubilation dans une perspective de communion trinitaire : « Jésus tressaillit de joie sous l'action de l'Esprit saint », s'adressant au Père et lui rendant gloire. Ce moment de joie intime jaillit de l'amour profond de Jésus en tant que fils envers son père, Seigneur du ciel et de la terre qui a caché ces choses aux sages et aux intelligents, mais qui les a révélées aux tout-petits (cf. Lc 10, 21). Dieu a caché et révélé et, dans cette prière de louange, ressort surtout le fait de révéler. Qu'est-ce que Dieu a révélé et caché ? Les mystères de son Royaume, l'affirmation de la seigneurie divine en Jésus et la victoire sur Satan.

Message, 8 juin 2014

### La « ville sur la montagne »

Monastères, communautés, centres de spiritualité, villages d'accueil, écoles, hôpitaux, maisons familiales, et tous ces lieux que la charité et la créativité charismatique ont fait naître – et qu'ils feront naître encore par une créativité nouvelle – doivent devenir toujours plus le levain d'une société inspirée de l'Évangile, la « ville sur la montagne » qui dit la vérité et la puissance des paroles de Jésus.

Lettre aux consacrés, 21 novembre 2014

### L'appel de Dieu est toujours pour notre libération et celle de nos frères

Écouter et accueillir l'appel du Seigneur n'est pas une question privée et intimiste qui peut se confondre avec l'émotion du moment ; c'est un engagement concret, réel et total, qui embrasse notre existence et la met au service de la construction du Royaume de Dieu sur la terre. Par conséquent, la vocation chrétienne, enracinée dans la contemplation du cœur du Père, pousse en même temps à l'engagement solidaire en faveur de la libération des frères, surtout des plus pauvres. Le disciple de Jésus a le cœur ouvert à son horizon immense, et son intimité avec le Seigneur n'est jamais une fuite de la vie et du monde, mais, au contraire, « se présente essentiellement comme communion missionnaire ».

Message, 29 mars 2015

**les vocations manquent là où manque l'enthousiasme**

Dans de nombreuses régions, les vocations au sacerdoce et à la vie consacrée commencent à manquer. Souvent, cela est dû à l'absence d'une ferveur apostolique contagieuse au sein des communautés, absence qui les rend pauvres en enthousiasme et fait qu'elles ne sont pas attirantes. La joie de l'Évangile provient de la rencontre avec le Christ et du partage avec les pauvres. J'encourage donc les communautés paroissiales, les associations et les collectifs à vivre une vie fraternelle intense, fondée sur l'amour de Jésus et attentive aux besoins des plus défavorisés. Là où il y a la joie, la ferveur, le désir de porter le Christ aux autres jaillissent d'authentiques vocations. Parmi celles-ci, les vocations laïques à la mission ne doivent pas être oubliées. Désormais, la conscience de l'identité et de la mission des fidèles laïcs dans l'Église s'est accrue, tout comme la conscience qu'ils sont appelés à jouer un rôle toujours plus important dans la diffusion de l'Évangile. C'est pourquoi il est nécessaire qu'ils soient formés de façon adéquate, en vue d'une action apostolique efficace.

Message, 8 juin 2014

## Là où il y a de l'amour fraternel, Dieu appelle

Aujourd'hui aussi, Jésus vit et chemine dans les réalités de la vie ordinaire pour s'approcher de tous, à commencer par les derniers, et nous guérir de nos infirmités et de nos maladies. Je m'adresse à présent à ceux qui sont disposés à se mettre à l'écoute de la voix du Christ qui retentit dans l'Église, pour comprendre quelle est leur vocation propre. Je vous invite à écouter et à suivre Jésus, à vous laisser transformer intérieurement par ses paroles qui « sont esprit et sont vie ». (Jn 6, 63) Marie, la mère de Jésus et la nôtre, nous répète à nous aussi : « Tout ce qu'il vous dira, faites-le. » (Jn 2, 5) Cela vous fera du bien de participer avec confiance à un chemin communautaire qui sache libérer en vous et autour de vous les meilleures énergies. La vocation est un fruit qui mûrit dans le champ bien cultivé de l'amour réciproque qui se fait service mutuel, dans le contexte d'une authentique vie ecclésiale. Aucune vocation ne naît toute seule ou ne vit pour elle-même. La vocation jaillit du cœur de Dieu et germe dans la bonne terre du peuple fidèle, dans l'expérience de l'amour fraternel. Jésus n'a-t-il peut-être pas dit : « À ceci tous reconnaîtront que vous êtes mes disciples : si vous avez de l'amour les uns pour les autres » ? (Jn 13, 35)

Message pour la Journée des vocations, 2014

## Le Christ pasteur œuvre à travers le prêtre

Celui qui est appelé sait qu'il existe en ce monde une joie simple et pleine : celle d'être choisi par le peuple qu'on aime pour être envoyé à lui comme dispensateur des dons et des consolations de Jésus, l'unique Bon Pasteur qui, plein de profonde compassion pour tous les petits et les exclus de cette terre, fatigués et opprimés comme des brebis sans pasteur, a voulu associer beaucoup de personnes à son ministère pour rester et agir lui-même, dans la personne de ses prêtres, pour le bien de son peuple.

Homélie, 17 avril 2014

**Gardez le souvenir du premier amour**

Je vous invite à vous immerger dans la joie de l'Évangile et à alimenter un amour capable d'illuminer votre vocation et votre mission. Je vous exhorte à garder le souvenir, comme dans un pèlerinage intérieur, du « premier amour » avec lequel le Seigneur Jésus Christ a réchauffé le cœur de chacun, non pas pour en concevoir un sentiment de nostalgie mais pour persévérer dans la joie. Le disciple du Seigneur persévère dans la joie lorsqu'il demeure avec lui, lorsqu'il fait sa volonté, lorsqu'il partage la foi, l'espérance et la charité évangélique.

Message, 8 juin 2014

# Le don et la difficulté d'être une femme

« Les apôtres et les disciples ont du mal à croire.
Pas les femmes. »

*3 avril 2013*

### Une Église sans les femmes ?

Une Église sans les femmes est comme le Collège apostolique sans Marie. Le rôle de la femme dans l'Église n'est pas seulement la maternité, la mère de famille. C'est plus fort : elle est vraiment l'icône de la Vierge, de la Madone, celle qui aide l'Église à croître ! Pensez que la Madone est plus importante que les apôtres ! Elle est plus importante ! L'Église est féminine : elle est Église, elle est épouse, elle est mère. Mais la femme, dans l'Église, non seulement doit… je ne sais pas comment on le dit en italien… le rôle de la femme dans l'Église ne doit pas seulement finir comme mère, comme travailleuse, limitée… Non ! C'est une autre chose !

Conférence de presse, 28 juillet 2013

### Partager les responsabilités pastorales

L'Église reconnaît l'apport indispensable de la femme à la société, par sa sensibilité, son intuition et certaines capacités propres qui appartiennent habituellement plus aux femmes qu'aux hommes. Par exemple, l'attention féminine particulière envers les autres, qui s'exprime de façon spéciale, bien que non exclusive, dans la maternité. Je vois avec joie combien de nombreuses femmes partagent des responsabilités pastorales avec les prêtres, apportent leur contribution à l'accompagnement des personnes, des familles ou des groupes et offrent de nouvelles contributions à la réflexion théologique. Mais il faut encore élargir les espaces pour une présence féminine plus incisive dans l'Église. Parce que le génie féminin est nécessaire dans toutes les expressions de la vie sociale ; par conséquent, dans le secteur du travail, comme dans les divers lieux où sont prises des décisions importantes, aussi bien dans l'Église que dans les structures sociales, la présence des femmes doit être garantie.

*Evangelii gaudium*, n° 103

**La réalisation de la femme n'est pas *servidumbre***

Je souffre – je dis la vérité – quand je vois dans l'Église ou dans certaines organisations ecclésiales que le rôle de service – que nous avons tous et que nous devons tous avoir –, que le rôle de service de la femme glisse vers un rôle de *servidumbre*. Je ne sais pas si on dit ainsi en italien. Comprenez-vous ? Service. Quand je vois des femmes qui font des choses de *servidumbre*, c'est que la mission qui incombe à une femme n'est pas bien comprise. Quelle présence a la femme dans l'Église ? Peut-elle être davantage valorisée ?

Discours, 12 octobre 2013

## Une vie possible, une contribution incomparable

De nombreuses femmes ressentent le besoin d'être mieux reconnues dans leurs droits, dans la valeur des charges qu'elles accomplissent habituellement au sein des divers secteurs de la vie sociale et professionnelle, dans leurs aspirations au sein de la famille et de la société. Certaines d'entre elles sont fatiguées et presque écrasées par le nombre d'engagements et de devoirs, et ne trouvent pas suffisamment de compréhension et d'aide. Il faut faire en sorte que la femme ne soit pas, à cause d'exigences économiques, contrainte à un travail trop dur et à un horaire trop lourd, qui s'ajoutent à toutes ses responsabilités de maîtresse de maison et d'éducatrice de ses enfants. Mais surtout, il faut considérer que les engagements de la femme, à tous les niveaux de la vie familiale, constituent également une contribution incomparable à la vie et à l'avenir de la société.

Message, 2 décembre 2014

## Construire la réciprocité

Bien que de notables améliorations aient eu lieu dans la reconnaissance des droits des femmes à intervenir dans l'espace public, certains pays ont encore un long chemin à parcourir. On n'a pas fini d'éradiquer des coutumes inacceptables. Je souligne la violence honteuse qui parfois s'exerce sur les femmes, les abus dans le cercle familial et diverses formes d'esclavage, qui ne constituent pas une démonstration de force masculine, mais une lâche dégradation. La violence verbale, physique et sexuelle qui s'exerce sur les femmes dans certaines familles contredit la nature même de l'union conjugale. Je pense à la grave mutilation génitale de la femme dans certaines cultures, mais aussi à l'inégalité d'accès à des postes de travail dignes et aux lieux où se prennent les décisions. L'histoire porte les marques des excès des cultures patriarcales où la femme était considérée comme de seconde classe ; mais rappelons aussi le phénomène des mères porteuses, ou « l'instrumentalisation et la marchandisation du corps féminin dans la culture médiatique actuelle ». Certains considèrent que beaucoup de problèmes actuels sont apparus à partir de l'émancipation de la femme. Mais cet argument n'est pas valide, cela est faux, ce n'est pas vrai ! C'est une forme de machisme. L'égale dignité entre l'homme et la femme nous pousse à nous réjouir que les vieilles formes de discrimination soient dépassées, et qu'au sein des familles un effort de réciprocité se réalise. Même si des formes de féminisme, qu'on ne peut juger adéquates, apparaissent, nous admirons cependant une œuvre de l'Esprit dans la reconnaissance plus claire de la dignité de la femme et de ses droits.

*Amoris lætitia*, n° 54

**Femme, Dieu te confie l'être humain !**

Dieu confie d'une manière spécifique l'homme, l'être humain, à la femme.

Que signifie ce « confier de manière spécifique », confier de manière spécifique l'être humain à la femme ? Il me semble évident que mon prédécesseur se réfère à la maternité. Tant de choses peuvent changer et ont changé dans l'évolution culturelle et sociale, mais il est un fait que c'est la femme qui conçoit, qui porte dans son sein et qui fait naître les enfants des hommes. Et cela n'est pas simplement une donnée biologique, mais comporte une richesse d'implications autant pour la femme elle-même, pour sa manière d'être, que pour ses relations, pour sa façon de se situer par rapport à la vie humaine et à la vie en général. En appelant la femme à la maternité, Dieu lui a confié d'une manière tout à fait spéciale l'être humain.

Discours, 12 octobre 2013

### Femme et homme, vous êtes complémentaires

En effet, cette complémentarité est à la base du mariage et de la famille, qui est la première école où nous apprenons à apprécier nos dons et ceux des autres et où nous commençons à apprendre l'art de la vie ensemble. Pour la majorité d'entre nous, la famille constitue le lieu principal où nous commençons à « respirer » les valeurs et les idéaux, ainsi qu'à réaliser notre potentiel de vertu et de charité. Dans le même temps, comme nous le savons, les familles sont un lieu de tensions : entre l'égoïsme et l'altruisme, entre la raison et la passion, entre désirs immédiats et objectifs à long terme, etc. Mais les familles fournissent également le cadre pour résoudre ces tensions, et cela est important. Lorsque nous parlons de complémentarité entre un homme et une femme dans ce contexte, nous ne devons pas confondre ce terme avec l'idée simpliste que tous les rôles et les relations des deux sexes sont enfermés dans un modèle unique et statique. La complémentarité assume de nombreuses formes, parce que chaque homme et chaque femme apporte sa contribution personnelle au mariage et à l'éducation des enfants. Sa propre richesse personnelle, son propre charisme personnel, et la complémentarité devient ainsi une grande richesse. Et ce n'est pas seulement un bien, c'est aussi quelque chose de beau.

Discours, 17 novembre 2014

### Deux dangers qui blessent la vocation de la femme

On trouve deux dangers toujours existants, deux opposés qui blessent la femme et sa vocation. Le premier est de réduire la maternité à un rôle social, à un devoir, même s'il est noble, mais qui de fait met de côté la femme avec ses potentialités, ne la valorise pas pleinement dans la construction de la communauté – que cela se produise dans le domaine civil ou dans le domaine ecclésial. Et en réaction à cela, à l'opposé, on trouve l'autre danger, celui de promouvoir une sorte d'émancipation qui, pour occuper les espaces soustraits au domaine masculin, abandonne ce qui est féminin avec les traits précieux qui le caractérisent.

Discours, 12 octobre 2013

### L'apport du génie féminin dans la famille, la société, l'Église

Si dans le monde du travail et dans la sphère publique il est important que l'apport du génie féminin se fasse plus incisif, il demeure absolument indispensable dans la sphère familiale qui, pour nous, chrétiens, n'est pas simplement un lieu privé, mais cette « Église domestique » dont le salut et la prospérité conditionnent le salut et la prospérité de l'Église et de la société elle-même. Pensons à la Vierge : la Vierge dans l'Église crée quelque chose que ne peuvent créer les prêtres, les évêques, les papes. C'est elle, le véritable génie féminin. Et pensons à la Vierge dans la famille. À ce que fait la Vierge dans une famille. La présence de la femme dans le milieu domestique se révèle donc plus que jamais nécessaire pour transmettre aux générations futures de solides principes moraux et transmettre la foi.

Discours, 25 janvier 2014

**Apprends des femmes de la résurrection à sortir et partager la foi !**

Les premiers témoins de l'événement de la résurrection furent les femmes. À l'aube, quand elles se rendent au sépulcre pour oindre le corps de Jésus, elles trouvent le premier signe : le tombeau vide. (Cf. *Mc* 16, 1) Vient ensuite la rencontre avec un messager de Dieu qui annonce : Jésus de Nazareth, le Crucifié, n'est pas ici, il est ressuscité. (Cf. vv. 5-6)

Les femmes, poussées par l'amour, savent accueillir cette annonce avec foi : elles croient, et immédiatement la transmettent, elles ne la gardent pas pour elles, elles la transmettent. La joie de savoir que Jésus est vivant, l'espérance qui remplit le cœur ne peuvent pas être réprimées. Cela devrait être le cas dans notre vie, également. Nous ressentons la joie d'être chrétiens ! Nous croyons dans un Ressuscité qui a vaincu le mal et la mort ! Nous avons le courage de « sortir » pour apporter cette joie et cette lumière dans tous les lieux de notre vie ! La résurrection du Christ est notre plus grande certitude ; c'est le trésor le plus précieux ! Comment ne pas partager ce trésor, cette certitude, avec les autres ? Elle n'est pas seulement là pour nous, mais pour la transmettre, pour la donner aux autres, la partager avec les autres.

Audience générale, 3 avril 2013

### Le travail théologique des femmes révèle l'insondable

J'invite à réfléchir sur le rôle que les femmes peuvent et doivent avoir dans le domaine de la théologie… En vertu de leur génie féminin, les théologiennes peuvent relever, au bénéfice de tous, certains aspects inexplorés de l'insondable mystère du Christ « dans lequel se trouvent, cachés, tous les trésors de la sagesse et de la connaissance ». (Col 2, 3) Je vous invite donc à tirer le meilleur profit de cet apport spécifique des femmes à l'intelligence de la foi.

Discours, 5 décembre 2014

### Allez de l'avant avec ce témoignage !

C'est un peu la mission des femmes : des mères, des femmes ! Rendre témoignage aux enfants, aux petits-enfants, que Jésus est vivant, il est le vivant, il est le ressuscité. Mères et femmes, allez de l'avant avec ce témoignage ! Pour Dieu, c'est le cœur qui compte, combien nous sommes ouverts à lui, si nous sommes comme les enfants qui ont confiance. Mais cela nous fait aussi réfléchir à la manière dont les femmes, dans l'Église et sur le chemin de foi, ont eu et ont aujourd'hui aussi un rôle particulier en ouvrant les portes au Seigneur, en le suivant et en communiquant son visage, car le regard de la foi a toujours besoin du regard simple et profond de l'amour.

Audience générale, 3 avril 2013

**Des choix risqués, mais des choix faits « en tant que femmes »**

Dans l'Église, on doit penser à la femme dans cette perspective : des choix risqués, mais faits en tant que femmes. On doit l'expliciter davantage. Je crois que nous n'avons pas encore fait une profonde théologie de la femme, dans l'Église. Seulement elle peut faire ceci, elle peut faire cela, maintenant elle fait la servante de messe, maintenant elle lit la Lecture, elle est la présidente de la *Caritas*... mais, il y a plus que ça ! Il faut faire une profonde théologie de la femme. C'est ce que je pense.

Conférence de presse, 28 juillet 2013

**Vous les femmes, vous l'emportez sur les hommes**

La femme a ce grand trésor de pouvoir donner la vie, de pouvoir prodiguer de la tendresse, de pouvoir donner de la paix et de la joie. Il n'y a qu'un modèle pour vous : Marie, la femme de la fidélité, celle qui ne comprenait pas ce qui était en train d'arriver, mais qui obéit. Celle qui, lorsqu'elle sut ce dont sa cousine avait besoin, accourut auprès d'elle, la Vierge de la rapidité. Celle qui s'enfuit comme réfugiée dans un pays étranger pour sauver la vie de son enfant. Celle qui aida son fils à grandir et l'accompagna, et qui lorsque son fils commença à prêcher, le suivit. Celle qui subit tout ce qui était en train d'arriver à cet enfant, à ce jeune homme. Celle qui était aux côtés de son fils et lui disait quels étaient les problèmes : « Regarde, ils n'ont pas de vin. » Celle qui, au moment de la croix, était près de lui…

Que Marie, la reine de la caresse, la reine de la tendresse, la reine de la promptitude à servir, vous montre le chemin. Bien, maintenant vous n'êtes plus fâchées, car vous en sortez vainqueurs sur les hommes.

Message vidéo, 26 avril 2014

**Une icône féminine à ne pas oublier**

Sur la Croix, quand le Christ souffrait dans sa chair la dramatique rencontre entre le péché du monde et la miséricorde divine, il a pu voir à ses pieds la présence consolatrice de sa mère et de son ami. En ce moment crucial, avant de proclamer que l'œuvre que le Père lui a confiée est accomplie, Jésus dit à Marie : « Femme, voici ton fils. » Puis il dit à l'ami bien-aimé : « Voici ta mère. » (Jn 19, 26-27) Ces paroles de Jésus au seuil de la mort n'expriment pas d'abord une préoccupation compatissante pour sa mère, elles sont plutôt une formule de révélation qui manifeste le mystère d'une mission salvifique spéciale. Jésus nous a laissé sa mère comme *notre* mère. C'est seulement après avoir fait cela que Jésus a pu sentir que « tout était achevé ». (Jn 19, 28) Au pied de la Croix, en cette grande heure de la nouvelle création, le Christ nous conduit à Marie. Il nous conduit à elle, car il ne veut pas que nous marchions sans une mère, et le peuple lit en cette image maternelle tous les mystères de l'Évangile. Il ne plaît pas au Seigneur que l'icône de la femme manque à l'Église.

*Evangelii gaudium*, n° 285

**Pas de machisme en jupe**

Il est nécessaire d'agrandir les espaces pour une présence féminine plus incisive dans l'Église. Je crains la solution du « machisme en jupe », car la femme a une structure différente de l'homme. Les discours que j'entends sur le rôle des femmes sont souvent inspirés par une idéologie machiste. Les femmes soulèvent des questions que l'on doit affronter. L'Église ne peut pas être elle-même sans les femmes et le rôle qu'elles jouent. Les femmes lui sont indispensables. Marie, une femme, est plus importante que les évêques. Je dis cela parce qu'il ne faut pas confondre la fonction avec la dignité. Il faut travailler davantage pour élaborer une théologie approfondie du féminin. C'est seulement lorsqu'on aura accompli ce passage qu'il sera possible de mieux réfléchir sur le fonctionnement interne de l'Église. Le génie féminin est nécessaire là où se prennent les décisions importantes. Aujourd'hui, le défi est celui-ci : réfléchir sur la place précise des femmes, aussi là où s'exerce l'autorité dans les différents domaines de l'Église.

Entretien avec le père Antonio Spadaro, 19 août 2013

Troisième partie

# AU CENTUPLE, MÊME DANS LA SOUFFRANCE

# Au-delà des larmes et de la souffrance

« Celui qui a été brûlé par le lait
pleure quand il voit une vache. »

*9 janvier 2015*

### Dieu entre dans nos luttes quotidiennes

Dieu lui-même est celui qui prend l'initiative et qui choisit de s'insérer, comme il l'a fait avec Marie, dans nos maisons, dans nos luttes quotidiennes, pleines d'inquiétudes et de désirs. Et c'est précisément à l'intérieur de nos villes, de nos écoles et de nos universités, sur les places publiques et dans les hôpitaux que s'accomplit l'annonce la plus belle que nous puissions entendre : « Réjouis-toi, le Seigneur est avec toi ! » Une joie qui engendre la vie, qui engendre l'espérance, qui se fait chair dans la façon dont nous envisageons le lendemain, dans l'attitude avec laquelle nous regardons les autres. Une joie qui devient solidarité, hospitalité, miséricorde envers tous.

Homélie, 25 mars 2017

### Même le pape a des peurs

J'ai mes peurs. Et vous, de quoi avez-vous peur ?

De moi-même ! Peur… Regarde, dans l'Évangile, Jésus répète souvent : « N'ayez pas peur ! N'ayez pas peur ! » Mais il le dit très souvent, non ? Et pourquoi ? Parce qu'il sait que la peur est quelque chose, je dirais, de « normal ». Nous avons tous peur de la vie, nous avons peur devant les défis, nous avons peur devant Dieu… Nous avons tous peur, tous. Il ne faut pas te préoccuper d'avoir peur. Tu dois le ressentir, mais ne pas avoir peur et ensuite te dire : « Pourquoi est-ce que j'ai peur ? » Et devant Dieu et devant toi-même, chercher à éclaircir la situation ou demander de l'aide à quelqu'un d'autre. Seulement, la peur n'est pas bonne conseillère, parce qu'elle te conseille mal. Elle te pousse sur une route qui n'est pas la bonne. C'est pourquoi Jésus disait souvent : « N'ayez pas peur ! N'ayez pas peur ! » Et puis, nous devons nous connaître nous-mêmes, tous : il faut se connaître soi-même et chercher où est la zone dans laquelle nous pouvons le plus nous tromper, et avoir un peu peur de cette zone-là. Parce qu'il y a une mauvaise peur et une bonne peur. La bonne peur est comme la prudence. C'est un comportement prudent : « Regarde, tu es faible sur ce point-ci, celui-ci et celui-là, sois prudent et ne tombe pas. » La mauvaise peur est celle dont tu parles, qui t'anéantit un peu. Elle t'anéantit, elle t'empêche d'agir : celle-là, elle est mauvaise et il faut la chasser.

Rencontre avec des jeunes, 31 mars 2014

**L'Évangile, ce n'est pas du maquillage !**

Jésus est ressuscité ! Nous l'avons vu !

Laissons cette expérience, gravée dans l'Évangile, se graver aussi dans nos cœurs, et transparaître dans notre vie… Si seulement nous étions aussi lumineux ! Mais ce n'est pas du maquillage ! Cela vient de l'intérieur, d'un cœur plongé dans la source de cette joie comme celui de Marie-Madeleine, qui a pleuré la perte de son Seigneur et qui n'en croyait pas ses yeux lorsqu'elle l'a vu ressuscité. Celui qui fait cette expérience devient un témoin de la Résurrection, parce que, dans un certain sens, il est lui-même ressuscité, elle est elle-même ressuscitée. Alors il est capable d'apporter un « rayon » de la lumière du Ressuscité dans différentes situations : dans les situations heureuses, en les rendant plus belles et en les préservant de l'égoïsme ; dans les situations douloureuses, en apportant sérénité et espérance.

*Regina cœli*, 21 avril 2014

## Quand le diable se présente déguisé en ange

C'est le premier mot que je voudrais vous dire : *joie* ! Ne soyez jamais des hommes et des femmes tristes : un chrétien ne peut pas l'être ! Ne vous laissez jamais prendre par le découragement ! Notre joie n'est pas une joie qui naît du fait de posséder de nombreuses choses, elle naît du fait d'avoir rencontré une personne : Jésus, qui est parmi nous. Elle naît du fait de savoir qu'avec lui nous ne sommes jamais seuls, même dans les moments difficiles, même quand le chemin de la vie se heurte à des problèmes et à des obstacles qui semblent insurmontables, et il y en a tant ! Et à ce moment-là vient l'ennemi, vient le diable, si souvent déguisé en ange, et insidieusement, il nous dit sa parole. Ne l'écoutez pas ! Suivons Jésus ! Nous accompagnons, nous suivons Jésus, mais surtout nous savons qu'il nous accompagne et nous porte sur ses épaules : ici se trouve notre joie, l'espérance que nous devons porter dans notre monde. Et s'il vous plaît ! Ne vous laissez pas voler l'espérance ! Ne vous laissez pas voler l'espérance ! Celle que Jésus nous donne.

Homélie, 24 mars 2013

### Quand nous vivons entre ronces et déserts

Combien de fois les semences de bien et d'espérance que nous essayons de jeter en terre semblent étouffées par les ronces de l'égoïsme, de l'hostilité et de l'injustice, non seulement autour de nous, mais encore dans nos cœurs. Nous sommes préoccupés par l'inégalité croissante dans nos sociétés entre riches et pauvres. Nous voyons des signes d'une idolâtrie de la richesse, du pouvoir et du plaisir qui s'obtiennent à un prix très élevé dans la vie des hommes. Près de nous, tant de nos amis et jeunes de notre âge, même s'ils vivent dans un monde d'une grande prospérité matérielle, souffrent de pauvreté spirituelle, de solitude et de désespoir silencieux. Dieu semble absent du tableau. C'est presque comme si un désert spirituel commençait à s'étendre à travers notre monde. Cela affecte les jeunes aussi, leur volant l'espérance et même, dans trop de cas, la vie elle-même. Cependant, c'est dans ce monde que vous êtes appelés à témoigner de l'Évangile de l'espérance, l'Évangile de Jésus Christ, et de la promesse de son Royaume.

Discours, 15 août 2014

## Accueille le défi qui te vient des larmes

Les pleurs manquent au monde d'aujourd'hui ! Les marginaux pleurent, ceux qui sont mis de côté pleurent, les méprisés pleurent, mais quand nous avons une vie sans trop de besoins, nous ne savons pas pleurer. Certaines réalités de la vie se voient seulement avec des yeux lavés par les larmes. J'invite chacun de vous à se demander : ai-je appris à pleurer ? Ai-je appris à pleurer quand je vois un enfant qui a faim, un enfant drogué dans la rue, un enfant sans maison, un enfant abandonné, un enfant abusé, un enfant utilisé comme esclave par la société ? Ou bien mes pleurs sont-ils les pleurs capricieux de celui qui pleure parce qu'il voudrait avoir quelque chose de plus ? C'est la première chose que je voudrais vous dire : apprenons à pleurer…

Jésus dans l'Évangile a pleuré, il a pleuré pour son ami mort. Il a pleuré dans son cœur pour cette famille qui avait perdu sa fille. Il a pleuré dans son cœur quand il a vu la pauvre mère, veuve, qui emmenait son fils au cimetière. Il a été ému et il a pleuré dans son cœur quand il a vu la foule comme des brebis sans pasteur. Si vous n'apprenez pas à pleurer, vous n'êtes pas de bons chrétiens. Et c'est un défi.

Discours, 18 janvier 2015

## La voie de l'échec et celle de la réalisation

Combien de familles sont dans l'angoisse parce que l'un de leurs membres – souvent des jeunes – sont dépendants de l'alcool, de la drogue, du jeu, de la pornographie ! Combien de personnes ont perdu le sens de la vie, n'ont pas de perspective pour l'avenir et ont perdu toute espérance ! Et combien de personnes sont obligées de vivre dans cette misère à cause de conditions sociales injustes, du manque de travail qui les prive de la dignité de rapporter le pain à la maison, de l'absence d'égalité dans les droits à l'éducation et à la santé. Dans ces cas, la misère morale peut bien s'appeler début de suicide. Cette forme de misère qui est aussi cause de ruine économique se rattache toujours à la *misère spirituelle* qui nous frappe, lorsque nous nous éloignons de Dieu et refusons son amour. Si nous estimons ne pas avoir besoin de Dieu, qui nous tend la main à travers le Christ, car nous pensons nous suffire à nous-mêmes, nous nous engageons sur la voie de l'échec. Seul Dieu nous sauve et nous libère vraiment.

Message pour le Carême, 2014

**Ne risque pas une solitude dépourvue de sens**

Le grand risque du monde d'aujourd'hui, avec son offre de consommation multiple et écrasante, est une tristesse individualiste qui vient du cœur bien installé et avare, de la recherche malade de plaisirs superficiels, de la conscience isolée. Quand la vie intérieure se ferme sur ses propres intérêts, il n'y a plus de place pour les autres, les pauvres n'entrent plus, on n'écoute plus la voix de Dieu, on ne jouit plus de la douce joie de son amour, l'enthousiasme de faire le bien ne palpite plus. Même les croyants courent ce risque, certain et permanent. Beaucoup y succombent et se transforment en personnes vexées, mécontentes, sans vie. Ce n'est pas le choix d'une vie digne et pleine, ce n'est pas le désir de Dieu pour nous, ce n'est pas la vie dans l'Esprit qui jaillit du cœur du Christ ressuscité.

*Evangelii gaudium*, n° 2

**La signification dernière de ton existence te vient de Dieu**

La première forme d'indifférence dans la société humaine est l'indifférence envers Dieu, dont procède l'indifférence envers le prochain et envers la création. Et cela est l'un des graves effets d'un faux humanisme et d'un matérialisme pratique, combinés à une pensée relativiste et nihiliste. L'homme pense être l'auteur de lui-même, de sa propre vie et de la société ; il se sent autosuffisant, et il cherche non seulement à se substituer à Dieu, mais à le faire disparaître complètement. Par conséquent, il pense ne rien devoir à personne, excepté à lui-même, et il prétend avoir seulement des droits.

Message pour la Journée mondiale de la paix, 2016

**Que devient mon esprit ?**

Ma *forma mentis* devient-elle plus individualiste ou plus solidaire ? Si elle est plus solidaire, c'est un bon signe, parce que vous irez à contre-courant, mais dans la seule direction qui ait un avenir et qui donne un avenir. La solidarité, non pas proclamée en paroles, mais vécue de façon concrète, engendre paix et espérance pour chaque pays et pour le monde entier.

Discours, 17 février 2017

## Que tes jours de carême débouchent sur une fête

Il y a des chrétiens qui semblent avoir un air de carême sans Pâques. Cependant, je reconnais que la joie ne se vit pas de la même façon à toutes les étapes et dans toutes les circonstances de la vie, parfois très dure. Elle s'adapte et se transforme, et elle demeure toujours au moins comme un rayon de lumière qui naît de la certitude personnelle d'être infiniment aimé, au-delà de tout. Je comprends les personnes qui deviennent tristes à cause des graves difficultés qu'elles doivent endurer ; cependant, peu à peu, il faut permettre à la joie de la foi de commencer à s'éveiller, comme une confiance secrète mais ferme, même au milieu des pires soucis.

*Evangelii gaudium*, n° 2

## Dieu n'est pas insensible, Caïn si. Et toi ?

Caïn dit ne pas savoir ce qui est arrivé à son frère, il dit ne pas être son gardien. Il ne se sent pas responsable de sa vie, de son sort. Il ne se sent pas impliqué. Il est indifférent envers son frère, bien qu'ils soient liés par l'origine commune. Quelle tristesse ! Quel drame fraternel, familial, humain ! C'est la première manifestation de l'indifférence entre frères. Dieu, au contraire, n'est pas indifférent : le sang d'Abel a grande valeur à ses yeux et il demande à Caïn d'en rendre compte. Donc Dieu se révèle depuis les débuts de l'humanité comme celui qui s'intéresse au sort de l'homme.

Message pour la Journée mondiale de la paix, 2016

**Vis-tu la mondialisation de l'indifférence ?**

Dieu n'est pas indifférent à nous. Il porte chacun de nous dans son cœur, il nous connaît par notre nom, il prend soin de nous et il nous cherche quand nous l'abandonnons. Chacun de nous l'intéresse ; son amour l'empêche d'être indifférent à ce qui nous arrive. Mais quand nous allons bien et prenons nos aises, il se peut que nous oubliions de penser aux autres (ce que Dieu le Père ne fait jamais), il se peut que nous ne nous intéressions plus à leurs problèmes, à leurs souffrances et aux injustices qu'ils subissent... Alors notre cœur tombe dans l'indifférence. Alors que je vais relativement bien et que tout me réussit, j'oublie ceux qui ne vont pas bien. Cette attitude égoïste, d'indifférence, a pris aujourd'hui une dimension mondiale, au point que nous pouvons parler d'une mondialisation de l'indifférence. Il s'agit d'un malaise que, en tant que chrétiens, nous devons affronter.

Message pour le Carême, 2015

**Évite les paradis artificiels**

Dans une culture souvent dominée par la technique, les formes de tristesse et de solitude où tombent tant de personnes et aussi tant de jeunes semblent se multiplier. L'avenir semble être l'otage de l'incertitude qui ne permet pas la stabilité. C'est ainsi qu'apparaissent souvent des sentiments de mélancolie, de tristesse et d'ennui, qui peu à peu peuvent conduire au désespoir. Nous avons besoin de témoins d'espérance et de véritable joie, pour chasser les chimères qui promettent un bonheur facile fait de paradis artificiels. Le vide profond ressenti par beaucoup peut être comblé par l'espérance que nous portons dans le cœur et par la joie qui en découle. Nous avons tant besoin de reconnaître la joie qui se révèle dans un cœur touché par la miséricorde. Tirons donc profit de ces paroles de l'Apôtre : « Soyez toujours dans la joie du Seigneur. » (Ph 4, 4 ; cf. 1Th 5, 16)

*Miséricorde et misère* (lettre apostolique), n° 3

**N'aie pas peur de l'amour**

L'époque de la jeunesse est celle où s'épanouit la grande richesse affective présente dans vos cœurs, le désir profond d'un amour vrai, beau et grand. Que de force il y a dans cette capacité d'aimer et d'être aimé ! Ne permettez pas que cette valeur précieuse soit falsifiée, détruite ou défigurée. Cela arrive quand l'instrumentalisation du prochain à nos fins égoïstes apparaît dans nos relations, parfois comme pur objet de plaisir. Le cœur reste blessé et triste à la suite de ces expériences négatives. Je vous en prie : n'ayez pas peur d'un amour vrai, celui que nous enseigne Jésus et que saint Paul décrit ainsi : « L'amour prend patience ; l'amour rend service ; l'amour ne jalouse pas ; il ne se vante pas, ne se gonfle pas d'orgueil ; il ne fait rien d'inconvenant ; il ne cherche pas son intérêt ; il ne s'emporte pas ; il n'entretient pas de rancune ; il ne se réjouit pas de ce qui est injuste, mais il trouve sa joie dans ce qui est vrai ; il supporte tout, il fait confiance en tout, il espère tout, il endure tout. L'amour ne passera jamais. » (1Co 13, 4-8)

Message pour la JMJ, 31 janvier 2015

## Accueille les défis contre la dignité de la personne

Être sans travail et ne pas recevoir un juste salaire, ne pas avoir une maison ou une terre où habiter, subir des discriminations pour la foi, la race, le statut social… ces réalités, et d'autres encore, sont des conditions qui attentent à la dignité de la personne face auxquelles l'agir miséricordieux des chrétiens répond avant tout par la vigilance et la solidarité. Combien sont nombreuses les situations aujourd'hui où l'on peut rendre la dignité aux personnes et permettre une vie humaine ! Qu'il suffise de penser à de nombreux jeunes enfants qui subissent des violences de toutes sortes qui leur volent la joie de vivre. Leurs visages tristes et défaits sont imprimés dans mon esprit. Ils demandent notre aide pour être libérés de l'esclavage du monde contemporain. Ces enfants sont les jeunes de demain. Comment les préparons-nous à vivre de façon digne et responsable ? Avec quelle espérance peuvent-ils affronter leur présent et leur avenir ?

*Miséricorde et misère* (lettre apostolique), n° 19

## Vis la compassion, ne te laisse pas décourager

Nous rencontrons parfois des gens qui tombent dans le désespoir. Le désespoir les conduit à tant de mauvaises choses. La référence concerne celui qui est découragé, qui est faible, qui se sent écrasé par le poids de la vie et de ses propres fautes et ne réussit pas à se relever. Dans ces cas, la proximité et la chaleur de toute l'Église doivent se faire encore plus intenses et aimantes, et doivent prendre la forme exquise de la compassion, qui n'est pas avoir pitié : la compassion signifie pâtir avec l'autre, souffrir avec l'autre, s'approcher de celui qui souffre ; un mot, une caresse, mais qui doivent venir du cœur. C'est cela, la compassion. Pour celui qui a besoin de réconfort et de consolation. C'est extrêmement important : l'espérance chrétienne ne peut se passer de la charité authentique et concrète.

Audience générale, 8 février 2017

### Sois les yeux de l'aveugle et les pieds du boiteux

Que de chrétiens rendent témoignage aujourd'hui encore, non par leurs paroles mais par leur vie enracinée dans une foi authentique, d'être « les yeux de l'aveugle » et les « pieds du boiteux » ! Des personnes qui sont proches des malades ayant besoin d'une assistance permanente, d'une aide pour se laver, s'habiller, se nourrir. Ce service, surtout lorsqu'il se prolonge dans le temps, peut devenir fatigant et pénible. Il est relativement facile de servir pendant quelques jours, mais il est difficile de soigner une personne pendant des mois, voire des années, également si celle-ci n'est plus à même de remercier. Et pourtant, voilà un grand chemin de sanctification !

Message pour la Journée du malade, 2015

### Demande la santé, mais aussi la paix du cœur

Dans la sollicitude de Marie se reflète la tendresse de Dieu. Cette tendresse même devient présente dans la vie de beaucoup de personnes qui se trouvent aux côtés des malades et savent en comprendre les besoins, même les plus imperceptibles, parce qu'elles regardent avec des yeux pleins d'amour. Que de fois une maman au chevet de son enfant malade ou un enfant qui prend soin d'un parent âgé, ou un petit-fils proche de son grand-père ou de sa grand-mère, dépose sa prière entre les mains de la Vierge ! Pour nos êtres chers qui souffrent à cause de la maladie, nous demandons en premier lieu la santé ; Jésus lui-même a manifesté la présence du Royaume de Dieu à travers les guérisons précisément : « Allez rapporter à Jean ce que vous entendez et voyez : les aveugles voient et les boiteux marchent, les lépreux sont purifiés et les sourds entendent, les morts ressuscitent. » (Mt 11, 4-5) Mais l'amour animé par la foi nous fait demander pour eux quelque chose de plus grand que la santé physique : nous demandons une paix, une sérénité du cœur qui est un don de Dieu, fruit de l'Esprit saint que le Père ne refuse jamais à ceux qui le lui demandent avec confiance.

Message pour la Journée du malade, 2016

### Nous aimons les idoles…

La foi signifie se fier à Dieu – celui qui a la foi se fie à Dieu –, mais vient le moment où, en se heurtant aux difficultés de la vie, l'homme fait l'expérience de la fragilité de cette confiance et ressent le besoin de certitudes différentes, de sécurités tangibles, concrètes. Je me fie à Dieu, mais la situation est un peu difficile, et j'ai besoin d'une certitude un peu plus concrète. Et c'est là que réside le danger ! Alors, nous sommes tentés de chercher des consolations même éphémères, qui semblent remplir le vide de la solitude et atténuer la difficulté de croire. Et nous pensons pouvoir les trouver dans la sécurité que peut donner l'argent, dans les alliances avec les puissants, dans la mondanité, dans les fausses idéologies. Parfois, nous les cherchons dans un dieu qui puisse se plier à nos requêtes et intervenir de façon magique pour changer la réalité et la rendre telle que nous la voulons ; une idole, précisément, qui en tant que telle ne peut rien faire, impuissante et menteuse. Mais nous aimons les idoles, nous les aimons beaucoup !

Audience générale, 11 janvier 2017

**Ne te fie pas aux modes qui passent ni à « l'amour à l'essai »**

Certains diront : la joie naît des choses que l'on possède et alors, nous voilà à la recherche du dernier modèle de smartphone, du scooter le plus rapide, de la voiture qui se fera remarquer… Mais je vous le dis, vraiment, cela me fait mal quand je vois un prêtre ou une religieuse avec le dernier modèle d'une voiture : mais ce n'est pas possible ! Ce n'est pas possible ! Alors vous pensez : mais maintenant, Père, il faut que nous nous déplacions en bicyclette ? C'est bien la bicyclette ! Mgr Alfred circule en bicyclette ; lui, il va à vélo. Je pense que la voiture est nécessaire, parce qu'il faut beaucoup travailler et c'est pratique pour se déplacer ici et là… mais prenez-en une plus humble ! Et si tu aimes cette belle voiture, pense à tous les enfants qui meurent de faim. Rien que cela ! La joie ne naît pas, ne vient pas de ce que l'on possède !

D'autres disent que cela vient des expériences les plus extrêmes pour éprouver le frisson des sensations fortes : la jeunesse aime être sur le fil du rasoir, elle aime vraiment cela ! Pour d'autres encore, cela vient des vêtements les plus à la mode, des distractions dans les lieux les plus à la mode – mais je ne veux pas dire par là que les sœurs vont dans ces lieux, je parle des jeunes en général. Pour d'autres encore, la joie vient du succès auprès des filles ou des garçons, en passant même de l'une à l'autre ou de l'un à l'autre. Ça, c'est l'insécurité de l'amour, un amour qui n'est pas sûr : c'est l'amour « à l'essai ». Et on pourrait continuer… Vous aussi, vous êtes au contact de cette réalité que vous ne pouvez pas ignorer.

Rencontre avec les séminaristes et les novices,
6 juillet 2013

### Que l'eau de ta vie devienne un vin fin

Nous aussi, bien portants ou malades, nous pouvons offrir nos fatigues et nos souffrances comme cette eau qui remplit les jarres aux noces de Cana et a été transformée en un vin excellent. Avec l'aide discrète à celui qui souffre, comme dans la maladie, on porte sur ses épaules la croix de chaque jour et on suit le Maître (cf. Lc 9, 23) et, même si la rencontre avec la souffrance sera toujours un mystère, Jésus nous aide à en dévoiler le sens.

Si nous savons suivre la voix de celle qui nous dit aussi : « Tout ce qu'il vous dira, faites-le », Jésus transformera toujours l'eau de notre vie en un vin fin.

Message pour la Journée du malade, 2016

### Les portes de la consolation

Si nous voulons vivre comme des personnes consolées, il faut faire une place au Seigneur dans notre vie. Et pour que le Seigneur habite d'une façon stable en nous, il faut lui ouvrir la porte et ne pas le laisser dehors. Il y a des *portes de la consolation* à tenir toujours ouvertes, parce que Jésus aime entrer par là : l'Évangile lu chaque jour et porté toujours avec nous, la prière silencieuse et adorante, la confession, l'eucharistie. À travers ces portes, le Seigneur entre et donne une saveur nouvelle aux choses. Mais quand la porte du cœur se ferme, sa lumière n'arrive pas et on reste dans l'obscurité. Alors nous nous habituons au pessimisme, aux choses qui ne vont pas, aux réalités qui ne changeront jamais. Et nous finissons par nous renfermer dans la tristesse, dans les souterrains de l'angoisse, seuls à l'intérieur de nous-mêmes. Si au contraire nous ouvrons tout grand les portes de la consolation, la lumière du Seigneur entre !

Homélie, 1er octobre 2016

### Raffermis les racines de ton espérance

L'espérance est un don de Dieu. Nous devons la demander. Elle est mise au plus profond du cœur de chaque personne afin qu'elle puisse éclairer de sa lumière le présent, souvent obscurci et assombri par tant de situations qui portent tristesse et douleur. Nous avons besoin d'affermir toujours davantage les racines de notre espérance, pour qu'elles puissent porter du fruit. En premier lieu, la certitude de la présence et de la compassion de Dieu, malgré le mal que nous avons accompli. Il n'y a pas d'endroit dans notre cœur qui ne puisse pas être atteint par l'amour de Dieu. Là où il y a une personne qui a commis une faute, là se fait encore plus présente la miséricorde du Père, pour susciter le repentir, le pardon, la réconciliation, la paix.

Homélie, 6 novembre 2016

### Tu es dans la souffrance ? Apprends à connaître Dieu, pas seulement « par ouï-dire » !

De même, lorsque la maladie, la solitude et l'incapacité l'emportent sur notre vie de don, l'expérience de la souffrance peut devenir un lieu privilégié de la transmission de la grâce et une source pour acquérir et renforcer la *sapientia cordis*. Donc, on peut comprendre que Job, à la fin de son expérience, en s'adressant à Dieu, peut déclarer : « Je ne te connaissais que par ouï-dire, mais maintenant mes yeux t'ont vu. » (42, 5) Et les personnes plongées dans le mystère de la souffrance et de la douleur, accueillies dans la foi, peuvent également devenir des témoins vivants d'une foi qui permet d'habiter la souffrance elle-même, bien que l'homme, par son intelligence, ne soit pas capable de la comprendre en profondeur.

Message pour la Journée du malade, 2015

### Lumières qui aveuglent et lumières qui illuminent

Dans notre vie aussi, il y a différentes étoiles, des lumières qui brillent et orientent. C'est à nous de choisir lesquelles suivre. Par exemple, il y a des lumières intermittentes qui vont et viennent, comme les petites satisfactions de la vie : même si elles sont bonnes, elles ne suffisent pas, parce qu'elles durent peu et ne laissent pas la paix que nous cherchons. Il y a ensuite les lumières éblouissantes des projecteurs, de l'argent et du succès, qui promettent tout et tout de suite : elles sont séduisantes, mais elles aveuglent par leur force et font passer des rêves de gloire à l'obscurité la plus épaisse. Les mages, en revanche, invitent à suivre une lumière stable, une lumière douce qui ne faiblit pas, parce qu'elle n'est pas de ce monde : elle vient du ciel et resplendit… Où ? Dans le cœur.

Cette lumière véritable est la lumière du Seigneur, ou mieux, c'est le Seigneur lui-même. Il est notre lumière : une lumière qui n'éblouit pas, mais qui accompagne et donne une joie unique.

Angélus, 6 janvier 2017

### Si tu ne partages que les miettes, tu ne calmes pas la faim

Il est simple de donner une partie des profits, sans embrasser et toucher les personnes qui reçoivent ces « miettes ». En revanche, seulement cinq pains et deux poissons peuvent nourrir les foules s'ils sont le partage de toute notre vie. Dans la logique de l'Évangile, si l'on ne donne pas tout, l'on ne donne jamais assez.

Discours, 4 février 2017

### Le sage ne peut être refermé sur lui-même

*La sagesse du cœur, c'est la sortie de soi vers le frère.* Notre monde oublie parfois la valeur spéciale du temps passé auprès du lit d'un malade, parce qu'on est harcelé par la hâte, par la frénésie de l'action, de la production, et on oublie la dimension de la gratuité, de l'acte de prendre soin, de se charger de l'autre. En réalité, derrière cette attitude se dissimule souvent une foi tiède, oublieuse de cette parole du Seigneur qui déclare : « C'est à moi que vous l'avez fait. » (Mt 25, 40)

Message pour la Journée du malade, 2015

### Veux-tu ressembler à Dieu ou aux idoles « qui ne parlent pas » ?

C'est le psaume 115, qui dit : « Leurs idoles, or et argent, une œuvre de main d'homme ! / Elles ont une bouche et ne parlent pas, elles ont des yeux et ne voient pas, / elles ont des oreilles et n'entendent pas, elles ont un nez et ne sentent pas. / Leurs mains, mais elles ne touchent point, leurs pieds, mais ils ne marchent point, de leur gosier, pas un murmure ! / Comme elles, seront ceux qui les firent, quiconque met en elles sa foi. » (vv. 4-8)

Le psalmiste nous présente, de façon également quelque peu ironique, la réalité absolument éphémère de ces idoles. Et nous devons comprendre qu'il ne s'agit pas seulement de représentations faites de métal ou d'un autre matériau, mais également de celles construites par notre esprit, quand nous nous fions à des réalités limitées que nous transformons en absolu, ou quand nous reconduisons Dieu à nos schémas et à nos idées de divinité ; un dieu qui nous ressemble, compréhensible, prévisible, précisément comme les idoles dont parle le psaume. L'homme, image de Dieu, se fabrique un dieu à son image, et c'est également une image mal réussie : elle n'entend pas, n'agit pas et, surtout, ne peut pas parler. Mais nous sommes plus contents d'aller voir les idoles que d'aller voir le Seigneur…

Le message du psaume est très clair : si l'on place son espérance dans les idoles, on devient comme elles : des images vides avec des mains qui ne touchent pas, des pieds qui ne marchent pas, des bouches qui ne peuvent pas parler. On n'a plus rien à dire, on devient incapable d'aider, de changer les choses, incapable de sourire, de se donner, incapable d'aimer. Et nous aussi, hommes d'Église, nous courons ce risque quand nous nous « mondanisons ». Il faut rester dans le monde, mais se défendre des illusions du monde, qui sont ces idoles que j'ai mentionnées… Voilà la réalité merveilleuse de l'espérance : en plaçant sa confiance dans le Seigneur, on devient comme lui.

Audience générale, 11 janvier 2017

### Nos obsessions

Nous nous éloignons de l'amour de Dieu quand nous allons à la recherche obsessive des biens terrestres et des richesses, en faisant ainsi preuve d'un amour exagéré envers ces réalités.

Jésus nous dit que cette recherche fébrile est illusoire et motif de tristesse. Et il donne à ses disciples une règle de vie fondamentale : « Cherchez d'abord le Royaume de Dieu. » (v. 33) Il s'agit de réaliser le projet que Jésus a annoncé dans *Le Sermon sur la montagne*, en se fiant à Dieu qui ne déçoit pas – tant d'amis ou tant de personnes que nous pensions être nos amis nous ont déçus, Dieu ne déçoit jamais ! ; de se prodiguer en tant qu'administrateurs fidèles des biens qu'il nous a donnés, y compris les biens terrestres, mais sans « en faire trop », comme si tout, y compris notre salut, dépendait seulement de nous. Cette attitude évangélique exige un choix clair, que le passage du jour indique avec précision : « Vous ne pouvez servir Dieu et l'argent. » (Mt 6-24) Soit le Seigneur, soit les idoles fascinantes, mais illusoires. Ce choix que nous sommes appelés à accomplir se répercute ensuite sur nombre de nos actes, programmes et engagements. C'est un choix à faire de façon nette et à renouveler constamment, parce que les tentations de tout réduire à l'argent, au plaisir et au pouvoir sont menaçantes. Il y a tant de tentations à ce sujet.

Angélus, 26 février 2017

### Le plus important, est-ce toi ou ta beauté ?

À l'espérance en un Seigneur de la vie qui, par sa parole, a créé le monde et conduit nos existences s'oppose la confiance dans des simulacres muets. Les idéologies avec leur prétention d'absolu, les richesses – et cela est une grande idole –, le pouvoir et le succès, la vanité, avec leur illusion d'éternité et de toute-puissance, des valeurs comme la beauté physique et la santé, lorsqu'elles deviennent des idoles auxquelles sacrifier toute chose, sont toutes des réalités qui confondent l'esprit et le cœur, et au lieu de favoriser la vie, conduisent à la mort. Il est triste et blessant pour l'âme d'entendre ce que j'ai entendu un jour, il y a des années, dans le diocèse de Buenos Aires : une brave femme, très belle, se vantait de la beauté, et commentait, comme si cela était naturel : « Eh oui, j'ai dû avorter parce que ma silhouette est très importante. » Ce sont des idoles, et elles te conduisent sur le mauvais chemin et ne te donnent pas le bonheur.

Audience générale, 11 janvier 2017

### Ne te fie pas à la sécurité que t'offrent les voyants

Un jour, à Buenos Aires, je devais aller d'une église à une autre, mille mètres, plus ou moins. Et je l'ai fait en marchant. Il y a un parc au milieu, et dans le parc, il y avait des petites tables, beaucoup, mais beaucoup, où étaient assis des voyants. Il y avait plein de monde, si bien que certains faisaient même la queue. Ils tendaient la main puis les voyants commençaient, mais le discours était toujours le même : il y a une femme dans ta vie, il y a une ombre qui plane, mais tout ira bien… Et ils payaient. Cela apporte-t-il de la sécurité ? C'est la sécurité – pardonnez-moi l'expression – de la stupidité. Consulter un voyant ou une voyante qui lisent les cartes : cela est une idole ! Cela est l'idole, et quand nous y sommes très attachés, nous achetons de fausses espérances.

Audience générale, 11 janvier 2017

**Celui qui est corrompu n'est pas heureux aujourd'hui, et ne le sera pas dans le futur**

Je pense aux personnes qui ont une responsabilité sur les autres et qui se laissent corrompre. Pensez-vous qu'une personne corrompue sera heureuse dans l'au-delà ? Non, tout le fruit de sa corruption a corrompu son cœur et il sera difficile d'aller vers le Seigneur. Je pense à ceux qui vivent de la traite des personnes et du travail d'esclave ; vous pensez que ces gens qui sont impliqués dans la traite des êtres humains, qui exploitent les personnes à travers le travail d'esclave, ont dans leur cœur l'amour de Dieu ? Non, ils n'ont pas la crainte de Dieu et ne sont pas heureux. Ils ne le sont pas. Je pense à ceux qui fabriquent des armes pour fomenter les guerres ; mais pensez un peu au genre de métier que c'est. Je suis certain que si je vous pose à présent la question : combien d'entre vous sont fabricants d'armes ? Personne, personne. Ces fabricants d'armes ne viennent pas écouter la parole de Dieu ! Ils fabriquent la mort, ils sont marchands de mort et font un commerce de mort. Que la crainte de Dieu leur fasse comprendre qu'un jour tout finit et qu'ils devront rendre compte à Dieu.

Audience générale, 11 juin 2014

**Lui le sait mieux que nous…**

Nous demandons au Seigneur la vie, la santé, les liens d'affection, le bonheur ; et il est juste de le faire, mais c'est dans la conscience que Dieu sait tirer la vie également de la mort, que l'on peut faire l'expérience de la paix également dans la maladie, qu'il peut y avoir de la sérénité également dans la solitude et de la béatitude également dans les larmes. Ce n'est pas nous qui pouvons enseigner à Dieu ce qu'il doit faire, ce dont nous avons besoin. Il le sait mieux que nous, et nous devons avoir confiance, parce que ses voies et ses pensées sont différentes des nôtres.

Audience générale, 25 janvier 2017

### Le levain-mère et l'Évangile moisi

Quand il n'y avait pas de réfrigérateurs pour conserver le *levain-mère* du pain, on donnait à la voisine un peu de sa propre pâte qui avait levé, et quand on devait faire à nouveau du pain, on recevait une boule de pâte levée de cette femme, ou d'une autre qui l'avait reçu à son tour. C'est la réciprocité. La communion n'est pas seulement *division,* mais également *multiplication* des biens, création d'un nouveau pain, de nouveaux biens, d'un nouveau Bien avec une majuscule. Le principe vivant de l'Évangile ne reste actif que si nous le donnons, parce qu'il est amour, et l'amour est actif quand nous aimons, pas quand nous écrivons des romans ou quand nous regardons des feuilletons télévisés. Si, en revanche, nous gardons tout jalousement et seulement pour nous, il moisit et il meurt. Et l'Évangile peut moisir. L'économie de communion aura un avenir si vous la donnez à tous et si elle ne reste pas uniquement dans votre « maison ». Donnez-la à tous, et tout d'abord aux pauvres et aux jeunes, qui sont ceux qui en ont le plus besoin et savent faire fructifier le don reçu ! Pour avoir la vie en abondance, il faut apprendre à donner : pas seulement les profits des entreprises, mais vous-mêmes. Le premier don de l'entrepreneur est sa propre personne : votre argent, bien qu'important, est trop peu.

Discours, 4 février 2017

**Sois le missionnaire de la joie, même dans les moments de fatigue**

Saint Paul, dans la lettre aux Thessaloniens, indique les conditions pour être « missionnaires de la joie » : prier avec persévérance, toujours rendre grâce à Dieu, servir son Esprit, chercher le bien et éviter le mal. Si tel est notre style de vie, alors la Bonne Nouvelle pourra entrer dans beaucoup de maisons et aider les personnes et les familles à redécouvrir qu'en Jésus est le Salut. En lui, il est possible de trouver la paix intérieure et la force pour affronter chaque jour les différentes situations de la vie, même les plus lourdes et les plus difficiles. On n'a jamais entendu parler d'un saint triste, ou d'une sainte avec un visage funèbre. Jamais on n'a entendu parler de cela ! Ce serait un contresens. Le chrétien est une personne qui a le cœur rempli de paix, parce qu'il sait placer sa joie dans le Seigneur, même quand il traverse les moments difficiles de la vie. Avoir la foi ne signifie pas ne pas vivre de moments difficiles, mais avoir la force de les affronter en sachant que nous ne sommes pas seuls. Voilà la paix que Dieu donne à ses enfants.

Angélus, 14 décembre 2014

# Des erreurs au pardon

« C'est une bonne chose de dialoguer avec ses propres erreurs, parce qu'elles nous enseignent. »

*31 mars 2014*

### Comment veux-tu être sauvé ?

Comment je veux être sauvé ? À ma manière ? À la manière d'une spiritualité, qui est bonne, qui me fait du bien, mais qui est fixe, où tout est clair et où il n'y a aucun risque ? Ou à la manière divine, sur la route de Jésus, qui nous surprend toujours, qui toujours nous ouvre les portes sur ce mystère de la toute-puissance de Dieu, qui est la miséricorde et le pardon ?

Homélie, Sainte-Marthe, 3 octobre 2014

### De mes erreurs, j'apprends

J'ai fait des erreurs, je fais des erreurs... Dans la Bible, dans le Livre de la Sagesse, on nous dit que le plus juste des hommes se trompe sept fois par jour ! Pour dire que nous nous trompons tous... On dit que l'homme est le seul animal qui tombe deux fois au même endroit, parce qu'il n'apprend pas immédiatement de ses erreurs. On peut dire : « Je ne me suis pas trompé », mais cela n'arrange rien ; cela mène à la vanité, la suffisance, l'orgueil... Je pense que les erreurs, y compris dans mon existence, ont été et sont de grands maîtres de vie. De grands maîtres : elles nous enseignent beaucoup. Elles nous humilient aussi, parce qu'on peut se prendre pour un surhomme, une « super-femme »… Et puis on se trompe et cela nous humilie et nous remet à notre place. Je ne dirais pas que j'ai appris de toutes mes erreurs ; non, je crois que je n'ai pas appris de quelques-unes, parce que je suis têtu et ce n'est pas facile d'apprendre. Mais j'ai appris de nombreuses erreurs et cela m'a fait du bien, cela m'a fait du bien. Il est important aussi de reconnaître ses erreurs. Je me suis trompé ici, je me suis trompé là… Je me trompe là… Et aussi, de faire attention de ne pas retomber dans les mêmes erreurs, dans le même puits…

Rencontre avec des jeunes, 31 mars 2014

### Jésus pardonne avec une caresse

Dieu ne pardonne pas avec un décret, mais avec une caresse. Jésus aussi va au-delà de la loi et pardonne en caressant les blessures de nos péchés. Combien d'entre nous méritent peut-être une condamnation ! Et qui serait juste de surcroît. Mais lui, il pardonne ! Comment ? Avec cette miséricorde qui n'efface pas le péché : c'est le pardon de Dieu qui l'efface, alors que la miséricorde va au-delà.

Comme le ciel : nous regardons le ciel, ses nombreuses étoiles, mais quand le soleil se lève le matin, avec tant de lumière, les étoiles ne se voient pas. La miséricorde de Dieu est ainsi : une grande lumière d'amour, de tendresse.

Dieu ne pardonne pas avec un décret, mais avec une caresse, en caressant nos blessures dues au péché, car il participe au pardon, il participe à notre salut.

Jésus fait le confesseur. Il n'humilie pas la femme adultère, il ne lui dit pas : Qu'as-tu fait, quand l'as-tu fait, comment l'as-tu fait et avec qui l'as-tu fait ? Il lui dit en revanche d'aller et de ne plus pécher. La miséricorde de Dieu est grande, la miséricorde de Jésus est grande : nous pardonner en nous donnant une caresse.

Homélie, Sainte-Marthe, 7 avril 2014

**La foi ne fait pas disparaître le mal, mais offre une clé pour le bien**

La maladie, surtout lorsqu'elle est grave, met toujours l'existence humaine à l'épreuve et apporte avec elle des interrogations qui creusent en profondeur. Parfois, le premier moment peut être de révolte : pourquoi cela m'est-il arrivé ? On se sent désemparé, la tentation devient grande de penser que tout est perdu, que désormais rien n'a plus de sens…

Dans ces situations, la foi en Dieu est, d'une part, mise à l'épreuve et, d'autre part, révèle en même temps toute sa puissance positive. Non parce que la foi fait disparaître la maladie, la douleur ou les problèmes qui en découlent, mais parce qu'elle offre une clé avec laquelle nous pouvons découvrir le sens le plus profond de ce que nous sommes en train de vivre ; une clé qui nous aide à voir que la maladie peut être la voie pour arriver à une proximité plus étroite avec Jésus, qui chemine à nos côtés, chargé de la croix.

Message pour la Journée du malade, 2016

### Joie pour l'adultère et la pécheresse

Que de joie a ainsi jailli du cœur de ces deux femmes, l'adultère (Jn 8) et la pécheresse ! (Lc 7, 36-50) Le pardon les a fait se sentir enfin libres et heureuses comme jamais auparavant. Les larmes de la honte et de la douleur se sont transformées en sourire de celle qui se sait aimée. La miséricorde suscite la *joie*, car le cœur s'ouvre à l'espérance d'une vie nouvelle. La joie du pardon est indicible, mais elle transparaît en nous chaque fois que nous en faisons l'expérience. L'amour avec lequel Dieu vient à notre rencontre en est l'origine, brisant le cercle d'égoïsme qui nous entoure, pour faire de nous, à notre tour, des instruments de miséricorde.

*Miséricorde et misère* (lettre apostolique), n° 3

### Debout, courage !

Ainsi disait Isaïe, prophétisant la joie de ce jour à Jérusalem : « Debout, resplendis ! » Au commencement de chaque jour, nous pouvons accueillir cette invitation : *Debout, resplendis,* suis aujourd'hui, parmi les nombreuses étoiles filantes dans le monde, l'étoile lumineuse de Jésus ! En la suivant, nous aurons la joie, comme ce fut le cas pour les Mages qui, « à la vue de l'astre, éprouvèrent une très grande joie » (Mt 2, 10) ; parce que *là où est Dieu, il y a la joie.* Celui qui a rencontré Jésus a fait l'expérience du miracle de la lumière qui perce les ténèbres et connaît cette lumière qui illumine et éclaire. Je voudrais, avec beaucoup de respect, inviter tout le monde à ne pas avoir peur de cette lumière et à s'ouvrir au Seigneur. Je voudrais surtout dire à celui qui a perdu la force de chercher, qui est fatigué, à celui qui, écrasé par les ténèbres de la vie, a éteint son désir : « Debout, courage, la lumière de Jésus sait vaincre les ténèbres les plus obscures. Debout, courage ! »

Angélus, 6 janvier 2017

### Mieux vaut le rouge que le jaune

Nous ne devons pas nous lasser d'aller demander pardon. On peut ressentir de la honte à dire ses péchés, mais nos mères et nos grands-mères disaient qu'il vaut mieux devenir rouge une fois que jaune mille fois. On rougit une fois, mais nos péchés nous sont pardonnés, et l'on va de l'avant.

Audience générale, 20 novembre 2013

### Quand Jésus pleure-t-il ?

Jésus, quand il voit ce drame de la résistance, même quand il voit la nôtre, pleure. Il a pleuré devant la tombe de Lazare. Il a pleuré en regardant Jérusalem et en disant : « Mais toi qui tues les prophètes et lapides tous ceux qui te sont envoyés, combien de fois ai-je voulu recueillir tes fils comme la poule protège ses poussins sous son aile ! » Et il pleure aussi devant ce drame de ne pas accepter son salut, comme le Père le veut.

Homélie, Sainte-Marthe, 3 octobre 2014

**Nous commettons tous des erreurs, nous pouvons tous changer**

Tous, nous pouvons commettre des fautes. Tous. D'une manière ou d'une autre, nous avons commis des fautes. Et par hypocrisie, on ne pense pas qu'il est possible de changer de vie : il y a peu de confiance dans la réhabilitation, dans la réinsertion dans la société. Mais de cette manière, on oublie que nous sommes tous pécheurs et que, souvent, nous sommes aussi des prisonniers sans nous en rendre compte. Lorsqu'on s'enferme dans ses propres préjugés, ou qu'on est esclave des idoles d'un faux bien-être, quand on s'emmure dans des schémas idéologiques ou qu'on fait des lois du marché des absolus qui écrasent les personnes, en réalité, on ne fait rien d'autre que de se mettre dans les murs étroits de la cellule de l'individualisme et de l'autosuffisance, privé de la vérité qui génère la liberté. Et montrer du doigt quelqu'un qui a commis une faute ne peut devenir un alibi pour cacher ses propres contradictions.

Nous savons, en effet, que personne devant Dieu ne peut se considérer juste (cf. Rm 2, 1-11). Mais personne ne peut vivre sans la certitude de trouver le pardon !

Homélie, 6 novembre 2016

**Ne marche pas dans les ténèbres de celui qui se ment à lui-même**

Que signifie « marcher dans les ténèbres » ? Nous avons tous des zones d'ombre dans notre vie, des moments dans lesquels tout est sombre dans notre conscience. Marcher dans les ténèbres signifie « être satisfait de soi-même ». Être convaincu de ne pas avoir besoin du salut. Voilà les ténèbres ! Et lorsque quelqu'un s'avance sur cette voie des ténèbres, ce n'est pas facile de revenir en arrière. C'est pourquoi Jean (cf. Jn 1, 5-2, 2) poursuit, peut-être que cette façon de penser l'a fait réfléchir : « Lorsque nous disons être sans péchés, nous nous trompons et la vérité n'est pas avec nous. » Regardez vos péchés, nos péchés : nous sommes tous des pécheurs, tous. C'est le point de départ.

Mais si nous confessons nos péchés, il est fidèle, il est juste au point de nous pardonner nos péchés et de nous purifier de toute injustice... Quand le Seigneur nous pardonne, il fait la justice. Oui, il rend justice d'abord à lui-même, parce qu'il est venu pour sauver et quand il nous pardonne il rend justice à lui-même. « Je suis ton sauveur », et il nous accueille...

« De même qu'un père est tendre envers ses enfants, de même le Seigneur est tendre envers ceux qui le craignent » (cf. Sal 102), envers ceux qui vont à lui. La tendresse du Seigneur. Il nous comprend toujours, mais aussi il ne nous laisse pas parler : il sait tout. « Sois tranquille, va en paix », cette paix que lui seul donne.

Homélie, Sainte-Marthe, 29 avril 2013

### Le vrai champ de bataille est ton cœur

Jésus aussi a vécu en des temps de violence. Il a enseigné que le vrai champ de bataille, sur lequel s'affrontent la violence et la paix, est le cœur de l'homme : « C'est du dedans, du cœur de l'homme, que sortent les pensées perverses. » (Mc 7, 21) Mais le message du Christ, face à cette réalité, offre la réponse radicalement positive : il a prêché inlassablement l'amour inconditionnel de Dieu qui accueille et pardonne, et il a enseigné à ses disciples à aimer les ennemis (cf. Mt 5, 44) et à tendre l'autre joue (cf. Mt 5, 39). Lorsqu'il a empêché ceux qui accusaient la femme adultère de la lapider (cf. Jn 8, 1-11) et lorsque, la nuit précédant sa mort, il a dit à Pierre de remettre son épée au fourreau (cf. Mt 26, 52), Jésus a tracé la voie de la non-violence, qu'il a parcourue jusqu'au bout, jusqu'à la croix, par laquelle il a réalisé la paix et détruit l'inimitié (cf. Ep 2, 14-16). C'est pourquoi, celui qui accueille la Bonne Nouvelle de Jésus sait reconnaître la violence qu'il porte en lui-même et se laisse guérir par la miséricorde de Dieu, en devenant ainsi, à son tour, un instrument de réconciliation, selon l'exhortation de saint François d'Assise : « La paix que vos bouches annoncent, ayez-la plus encore en vos cœurs. »

Message pour la Journée mondiale de la paix, 2017

**L'eau qui stagne croupit**

Nous savons tous que quand l'eau stagne, elle croupit. Il y a un dicton espagnol qui dit : « L'eau qui stagne est la première à se corrompre. » Ne pas stagner. Nous devons marcher, faire un pas chaque jour, avec l'aide du Seigneur. Dieu est Père, il est miséricorde, il nous aime toujours. Si nous le cherchons, il nous accueille et nous pardonne. Comme je l'ai dit, il ne se lasse pas de pardonner. C'est la devise de cette visite : « Dieu ne se lasse pas de pardonner. » Il nous fait nous relever et nous restitue pleinement notre dignité. Dieu a de la mémoire, il n'est pas amnésique. Dieu ne nous oublie pas, il se souvient toujours. Il y a un passage de la Bible, du prophète Isaïe, qui dit : Même si une mère oubliait son fils – et c'est impossible –, moi je ne t'oublierai jamais. (Cf. Is 49, 15) Et cela est vrai : Dieu pense à moi, Dieu se souvient de moi. Je suis dans la mémoire de Dieu.

Discours, 5 juillet 2014

**Le malheur des esprits revanchards**

Si nous vivons selon la loi « œil pour œil, dent pour dent », nous ne sortons jamais de la spirale du mal. Le malin est fourbe et nous fait croire qu'avec notre justice humaine nous pouvons nous sauver et sauver le monde. En réalité, seule la justice de Dieu peut nous sauver ! Et la justice de Dieu s'est révélée dans la croix : la croix est le jugement de Dieu sur nous tous et sur ce monde. Mais comment Dieu nous juge-t-il ? En donnant sa vie pour nous ! Voici l'acte suprême de justice qui a vaincu une fois pour toutes le Prince de ce monde ; et cet acte suprême de justice est justement aussi l'acte suprême de miséricorde. Jésus nous appelle tous à suivre ce chemin : « Montrez-vous miséricordieux comme votre Père est miséricordieux. » (Lc 6, 36) Et à présent, je vous demande une chose : en silence, tous, pensons… Que chacun de nous pense à une personne avec laquelle nous ne nous entendons pas, avec laquelle nous nous sommes disputés, que nous n'aimons pas beaucoup. Pensons à cette personne et, en silence, à présent, prions pour cette personne et devenons miséricordieux avec cette personne.

Angélus, 15 septembre 2013

### Même l'ennemi est une personne humaine

« Aimez vos ennemis, et priez pour vos persécuteurs. » (v. 44) Et ce n'est pas facile. Cette parole ne doit pas être comprise comme une approbation du mal accompli par l'ennemi, mais comme une invitation à une perspective supérieure, une perspective magnanime, semblable à celle du Père céleste qui – dit Jésus – « fait lever son soleil sur les méchants et sur les bons, et tomber la pluie sur les justes et sur les injustes ». (v. 45) En effet, même l'ennemi est une personne humaine, créée en tant que telle à l'image de Dieu, bien qu'à présent, cette image soit obscurcie par une conduite indigne.

Quand nous parlons « d'ennemis », nous ne devons pas forcément penser à des gens très différents ou éloignés de nous. Nous parlons aussi de nous-mêmes, qui pouvons entrer en conflit avec notre prochain, parfois avec notre famille. Combien d'inimitiés dans les familles, combien ! Pensons à cela. Les ennemis, ce sont également ceux qui parlent mal de nous, qui nous calomnient et qui nous font des torts. Et ce n'est pas facile à digérer. À eux tous, nous sommes appelés à répondre par le bien, qui a lui aussi ses stratégies, inspirées par l'amour.

Angélus, 19 février 2017

### Aie le courage d'entrer par sa porte étroite !

Mets-toi en mouvement, aie le courage d'entrer par sa porte. Tous sont invités à franchir cette porte, à franchir la porte de la foi, à entrer dans la vie de Dieu, et à le faire entrer dans notre vie, pour qu'il la transforme, la renouvelle, lui donne une joie pleine et durable.

Aujourd'hui, nous passons devant tant de portes qui invitent à entrer en promettant un bonheur dont nous nous apercevons ensuite qu'il ne dure qu'un instant, qu'il s'épuise en lui-même et n'a pas d'avenir. Mais moi, je vous pose la question : Nous, par quelle porte voulons-nous entrer ? Et qui voulons-nous faire entrer par la porte de notre vie ? Je voudrais dire avec force : N'ayons pas peur de franchir la porte de la foi en Jésus, de le laisser entrer toujours plus dans notre vie, de sortir de nos égoïsmes, de nos fermetures, de nos indifférences envers les autres. Parce que Jésus illumine notre vie avec une lumière qui ne s'éteint plus. Ce n'est pas un feu d'artifice, ce n'est pas un flash ! Non, c'est une lumière tranquille qui dure toujours et nous donne la paix. Telle est la lumière que nous rencontrons si nous entrons par la porte de Jésus.

Certes, la porte de Jésus est une porte étroite, non parce qu'elle est une salle de torture. Non, pas pour cela ! Mais parce qu'il nous demande de lui ouvrir notre cœur, de nous reconnaître comme pécheurs, ayant besoin de son salut, de son pardon, de son amour, d'avoir l'humilité d'accueillir sa miséricorde et de nous faire renouveler par lui.

Angélus, 25 août 2013

## Ne fais pas de reproches à l'autre, montre-lui sa valeur

Parfois, nous cherchons à corriger ou à convertir un pécheur en lui faisant des reproches, en lui jetant à la figure ses erreurs et son comportement injuste. L'attitude de

Jésus avec Zachée nous indique une autre voie : celle de montrer sa valeur à celui qui se trompe, cette valeur que Dieu continue à voir malgré tout, malgré toutes ses erreurs. Cela peut provoquer une surprise positive qui attendrit le cœur et pousse la personne à tirer d'elle-même ce qu'elle a de bon. C'est le fait de faire confiance aux personnes qui les fait grandir et changer. C'est ainsi que Dieu se comporte avec nous tous : il n'est pas bloqué par notre péché, mais il le dépasse par l'amour et nous fait ressentir la nostalgie du bien. Nous avons tous ressenti cette nostalgie du bien après une erreur. Et Dieu notre Père fait ainsi, Jésus fait ainsi. Il n'existe pas une personne qui n'ait quelque chose de bon. Et c'est cela que Dieu regarde pour la tirer hors du mal.

Angélus, 30 octobre 2016

**Chacun d'entre nous est porteur de richesse**

Nous ne pouvons pas oublier que chacun est porteur de la richesse et du poids de sa propre histoire qui en font une personne absolument unique. Notre vie, avec ses joies et ses peines, est quelque chose d'unique et non reproductible, qui se déroule sous le regard miséricordieux de Dieu. Cela requiert, surtout de la part du prêtre, un discernement spirituel attentif, profond et clairvoyant, de sorte que nul ne soit exclu, quelle que soit la situation dans laquelle il vit, et qu'il puisse se sentir accueilli concrètement par Dieu, participer activement à la vie de la communauté, être inséré dans ce peuple de Dieu qui avance infatigablement vers la plénitude du règne de Dieu, règne de justice, d'amour, de pardon et de miséricorde.

*Miséricorde et misère* (lettre apostolique), n° 14

**Comment vois-tu la route de ton salut ?**

Comment est selon moi la route de mon salut : est-ce celle de Jésus ou une autre ? Est-ce que je suis libre d'accepter le salut ou est-ce que je confonds la liberté avec l'autonomie et je veux que mon salut, celui auquel je crois, soit le bon ? Est-ce que je crois que Jésus est le maître qui nous enseigne le salut ou est-ce que je vais partout louer des gourous qui m'en enseignent un autre ? Est-ce que j'emprunte un chemin plus sûr ou est-ce que je me réfugie sous le toit des prescriptions et des si nombreux commandements faits par des hommes ? Et ainsi je me sens sûr et avec cette sécurité – c'est un peu dur de dire cela –, j'achète mon salut que Jésus donne gratuitement, avec la gratuité de Dieu ?

Homélie, Sainte-Marthe, 3 octobre 2014

**Sois courageux, va te confesser !**

La honte aussi est une bonne chose. Il est bon d'avoir un peu honte, car avoir honte est salutaire. Quand une personne n'a pas honte, dans mon pays, nous disons qu'elle est « sans vergogne » : une « *sin verguenza* ». Mais la honte aussi fait du bien, parce qu'elle nous rend plus humbles. Le prêtre reçoit avec amour et avec tendresse cette confession et, au nom de Dieu, il pardonne. Également du point de vue humain, pour se libérer, il est bon de parler avec son frère et de dire au prêtre ces choses, qui sont si lourdes dans notre cœur. Et la personne sent qu'elle se libère devant

Dieu, avec l'Église, avec son frère. Il ne faut pas avoir peur de la confession ! Quand quelqu'un fait la queue pour se confesser, il ressent toutes ces choses, même la honte, mais ensuite, quand la confession se termine, il sort libre, grand, beau, pardonné, blanc, heureux. C'est ce qui est beau dans la confession ! Je voudrais vous demander – mais ne le dites pas à haute voix, que chacun se réponde dans son cœur : quand t'es-tu confessé, quand t'es-tu confessée pour la dernière fois ? Que chacun y pense… Cela fait deux jours, deux semaines, deux ans, vingt ans, quarante ans ? Que chacun fasse le compte, mais que chacun se dise : quand est-ce que je me suis confessé la dernière fois ? Et si beaucoup de temps s'est écoulé, ne perds pas un jour de plus, va, le prêtre sera bon. Jésus est là, et Jésus a plus de bonté que les prêtres, Jésus te reçoit, il te reçoit avec tant d'amour. Sois courageux et va te confesser !

Audience générale, 19 février 2014

**Le troupeau et le loup**

Jésus sort d'un jugement injuste, d'un interrogatoire cruel et il regarde Pierre dans les yeux, et Pierre pleure. Demandons qu'il nous regarde, qu'il ne cesse pas de nous regarder, que nous pleurions et qu'il nous donne la grâce de la honte afin que, comme Pierre, quarante jours après, nous puissions lui répondre : « Tu sais que je t'aime » et entendre sa voix : « Retourne sur ton chemin et pais mes brebis », et j'ajoute : « Et ne permets à aucun loup de s'introduire dans le troupeau. »

Homélie, Sainte-Marthe, 7 juillet 2014

# Le centuple et l'éternité

« Le chrétien ne perd jamais la paix,
quand il est un véritable chrétien. »

*14 décembre 2014*

**J'ai peur de la voir venir…**

Chaque fois que nous sommes face à notre mort, ou à celle d'une personne chère, nous sentons que notre foi est mise à l'épreuve. Tous nos doutes, toute notre fragilité émergent et nous nous demandons : « Mais y a-t-il véritablement une vie après la mort… ? Pourrai-je encore voir et embrasser les personnes que j'ai aimées… ? »

Cette question m'a été posée par une dame, il y a quelques jours, au cours d'une audience, qui avait ce doute : « Est-ce que je rencontrerai les miens ? » Nous aussi, dans le contexte actuel, nous avons besoin de revenir à la racine et aux fondements de notre foi, de façon à prendre conscience de ce que Dieu a fait pour nous en Jésus Christ et ce que signifie notre mort. Nous avons tous un peu peur de cette incertitude de la mort. Je me souviens d'un petit vieux, une personne âgée, une brave personne, qui disait : « Moi je n'ai pas peur de la mort. J'ai un peu peur de la voir venir. » Il avait peur de cela.

Audience générale, 1er février 2017

## Nous sommes les héritiers de grands rêves

Le chant de Syméon est le chant de l'homme croyant qui, à la fin de ses jours, peut affirmer : c'est vrai, l'espérance en Dieu ne déçoit jamais (cf. Rm 5, 5), il ne trompe pas. Syméon et Anne, dans leur vieillesse, sont capables d'une nouvelle fécondité, et ils en témoignent en chantant : la vie mérite d'être vécue avec espérance, parce que le Seigneur garde sa promesse ; et Jésus lui-même expliquera cette promesse dans la synagogue de Nazareth : les malades, les prisonniers, ceux qui sont seuls, les pauvres, les personnes âgées, les pécheurs sont invités, eux aussi, à entonner le même chant d'espérance ; Jésus est avec eux, il est avec nous. (Cf. Lc 4, 18-19)

Ce chant d'espérance, nous l'avons reçu en héritage de nos pères. Ils nous ont engagés dans cette « dynamique ». Sur leurs visages, dans leurs vies, dans leur dévouement quotidien et constant, nous avons pu voir comment cette louange s'est faite chair. Nous sommes héritiers des rêves de nos pères, héritiers de l'espérance qui n'a pas déçu nos mères et nos pères fondateurs, nos aînés. Nous sommes héritiers de nos anciens qui ont eu le courage de rêver ; et comme eux, aujourd'hui, nous voulons, nous aussi, chanter : Dieu ne trompe pas, l'espérance en lui ne déçoit pas. Dieu vient à la rencontre de son peuple.

Homélie, 2 février 2017

## Le défi du dernier passage

*Le moment de la mort* est d'une importance toute particulière. L'Église a toujours vécu ce passage dramatique à la lumière de la résurrection de Jésus Christ qui a ouvert la voie à la certitude de la vie future. C'est un grand défi que nous avons à relever, spécialement dans la culture contemporaine qui tend souvent à banaliser la mort jusqu'à la faire devenir une simple fiction ou à la cacher. Au contraire, la mort doit être affrontée et l'on doit s'y préparer, comme un passage douloureux et inévitable, mais riche de sens : celui de l'ultime acte d'amour envers les personnes qu'on laisse et envers Dieu vers lequel on va. Dans toutes les religions, le moment de la mort, comme celui de la naissance, est accompagné par une présence religieuse. Nous vivons l'expérience des *obsèques* comme une prière riche d'espérance pour l'âme du défunt, et pour consoler ceux qui souffrent du départ de la personne aimée.

*Miséricorde et misère* (lettre apostolique), n° 15

**Nous aurons tous un crépuscule. Comment sera le tien ?**

L'espérance est un peu comme le levain, qui fait dilater l'âme : il y a des moments difficiles dans la vie, mais avec l'espérance, l'âme avance et regarde ce qui nous attend. Aujourd'hui est un jour d'espérance. Nos frères et sœurs sont en présence de Dieu et nous aussi nous serons là, par pure grâce du Seigneur, si nous marchons sur la voie de Jésus. L'apôtre Jean conclut : « Celui qui a en lui cette espérance se purifie lui-même. » (Jn 3) L'espérance aussi nous purifie, nous rend plus légers ; cette purification dans l'espérance en Jésus Christ nous fait marcher en hâte, promptement. Dans cet avant-crépuscule d'aujourd'hui, chacun de nous peut penser au crépuscule de sa vie : « Comment sera mon crépuscule ? » Nous aurons tous un crépuscule, tous ! Est-ce que je le regarde avec espérance ? Est-ce que je le regarde avec cette joie d'être accueilli par le Seigneur ? Voilà une pensée chrétienne qui nous donne la paix. C'est aujourd'hui un jour de joie, mais d'une joie sereine, tranquille, de la joie de la paix. Pensons au crépuscule de tant de nos frères et sœurs qui nous ont précédés, pensons à notre crépuscule, lorsqu'il viendra. Et pensons à notre cœur et demandons-nous : « Où mon cœur est-il ancré ? » S'il n'est pas bien ancré, ancrons-le, là, sur ce rivage, en sachant que l'espérance ne déçoit pas, parce que le Seigneur Jésus ne déçoit pas.

Homélie, 1er novembre 2015

**Attention ! Dans l'éternité, tu n'emporteras ni pouvoir ni orgueil**

Lorsqu'une personne vit dans le mal, lorsqu'elle blasphème contre Dieu, lorsqu'elle exploite les autres, lorsqu'elle les tyrannise, lorsqu'elle ne vit que pour l'argent, pour la vanité, le pouvoir ou l'orgueil, alors la sainte crainte de Dieu nous met en garde : Attention ! Avec tout ce pouvoir, avec tout cet argent, avec tout ton orgueil, avec toute ta vanité, tu ne seras pas heureux. Personne ne peut apporter avec lui dans l'au-delà ni l'argent, ni le pouvoir, ni la vanité, ni l'orgueil. Rien ! Nous ne pouvons apporter que l'amour que Dieu le Père nous donne, les caresses de Dieu, acceptées et reçues par nous avec amour. Et nous pouvons apporter ce que nous avons fait pour les autres. Attention à ne pas placer l'espérance dans l'argent, dans l'orgueil, dans le pouvoir, dans la vanité, parce que tout cela ne nous promet rien de bon !

Audience générale, 11 juin 2014

### Vanité des vanités

« Vanité des vanités… tout est vanité. » (1, 2) Les jeunes sont particulièrement sensibles au vide de signification et de valeurs qui les entoure souvent. Et malheureusement, ils en paient les conséquences. En revanche, la rencontre avec Jésus vivant, dans sa grande famille qui est l'Église, remplit le cœur de joie, car elle le remplit de joie véritable, d'un bien profond, qui ne passe pas et qui ne se gâte pas ; nous l'avons vu sur le visage des jeunes à Rio. Mais cette expérience doit affronter la vanité quotidienne, ce venin du vide qui s'insinue dans nos sociétés fondées sur le profit et sur la possession, qui trompent les jeunes avec la consommation. L'Évangile de ce dimanche nous rappelle précisément l'absurdité de fonder son propre bonheur sur la possession. Le riche se dit à lui-même : Mon âme, tu as à disposition de nombreux biens… Repose-toi, mange, bois, jouis de l'existence ! Mais Dieu lui dit : Tu es fou, cette nuit même, on te redemandera ta vie. Et ce que tu auras accumulé, qui l'aura ? (Cf. Lc 12, 19-20) Chers frères et sœurs, la véritable richesse est l'amour de Dieu partagé avec les frères. Cet amour qui vient de Dieu et qui fait que nous le partageons entre nous et que nous nous aidons entre nous. Celui qui en fait l'expérience ne craint pas la mort, et reçoit la paix du cœur.

Angélus, 4 août 2013

### Qu'est-ce que le Royaume des cieux ?

Qu'est-ce que le Royaume de Dieu, ce Royaume des cieux ? Ce sont des synonymes. Nous pensons immédiatement à quelque chose qui concerne l'au-delà : la vie éternelle. Certes, cela est vrai, le Royaume de Dieu s'étendra sans fin au-delà de la vie terrestre, mais la belle nouvelle que Jésus nous apporte – et que Jean anticipe – est que nous ne devons pas attendre le Royaume de Dieu dans le futur : il s'est approché, d'une certaine façon, il est déjà présent et nous pouvons dès à présent faire l'expérience de sa puissance spirituelle. « Le Royaume de Dieu est parmi vous », dira Jésus. Dieu vient établir sa seigneurie dans notre histoire, dans l'aujourd'hui de tous les jours, dans notre vie ; et là où elle est accueillie avec foi et humilité germent l'amour, la joie et la paix.

Angélus, 4 décembre 2016

### Nous serons semblables à des anges

Dans ce monde, nous vivons de réalités provisoires, qui finissent ; en revanche, dans l'au-delà, après la résurrection, nous n'aurons plus la mort comme horizon et nous vivrons tout, également les liens humains, dans la dimension de Dieu, de façon transfigurée. Le mariage aussi, signe et instrument de l'amour de Dieu en ce monde, resplendira, transformé en pleine lumière dans la glorieuse communion des saints au paradis.

Les « enfants du ciel et de la résurrection » ne sont pas quelques privilégiés, mais ce sont tous les hommes et toutes les femmes, car le salut apporté par Jésus est pour chacun de nous. Et la vie des ressuscités sera semblable à celle des anges (cf. v. 36), c'est-à-dire entièrement plongée dans la lumière de Dieu, entièrement dédiée à sa louange, dans une éternité pleine de joie et de paix. Mais attention ! La résurrection n'est pas seulement le fait de ressusciter après la mort, c'est un nouveau genre de vie que nous expérimentons déjà aujourd'hui ; c'est la victoire sur le néant que déjà nous pouvons goûter à l'avance. La résurrection est le fondement de la foi et de l'espérance chrétienne !

Angélus, 6 novembre 2016

**Ta plénitude sera en Dieu lui-même**

Job était dans l'obscurité. Il était précisément à la porte de la mort. Et dans ce moment d'angoisse, de douleur et de souffrance, Job proclame l'espérance : « Je sais bien, moi, que mon Rédempteur est vivant et que, le dernier, il se lèvera sur la poussière… Je le verrai, moi-même, et mes propres yeux le contempleront, lui et pas un autre… » (Job 19, 25-27) C'est triste, un cimetière, cela nous rappelle les êtres chers qui sont partis, cela nous rappelle aussi l'avenir, la mort ; mais dans cette tristesse, nous apportons des fleurs, comme un signe d'espérance, et aussi, je peux le dire, de fête, mais plus tard, pas tout de suite. Et la tristesse se mêle à l'espérance. Et cela, c'est ce que tous nous pouvons ressentir : la mémoire de nos proches, devant leurs dépouilles, et l'espérance. Mais nous sentons aussi que cette espérance nous aide, parce que nous aussi, nous devons faire ce chemin. Nous tous ferons ce chemin. Avant ou après, mais tous. Avec douleur, plus ou moins de douleur, mais tous. Mais avec la fleur de l'espérance, avec ce fil fort qui est ancré au-delà. Voilà, cette ancre ne déçoit pas : l'espérance de la résurrection. Et celui qui a fait ce chemin en premier, c'est Jésus. Nous parcourons le chemin que lui a emprunté… « Je sais bien, moi, que mon

Rédempteur est vivant et que, le dernier, il se lèvera sur la poussière… Je le verrai, moi-même, et mes propres yeux le contempleront, lui et pas un autre. »

Homélie, 2 novembre 2016

**Sois saint, où que tu sois !**

Certains pensent que la sainteté signifie fermer les yeux et prendre l'expression des images pieuses. Non ! Cela n'est pas la sainteté ! La sainteté est quelque chose de plus grand, de plus profond, que nous donne Dieu. Au contraire, c'est en vivant avec amour et en offrant son témoignage chrétien dans les tâches quotidiennes que nous sommes appelés à devenir saints. Et chacun dans les conditions et dans l'état de vie dans lequel il se trouve.

Mais toi, tu es consacré, tu es consacrée ?

Sois saint, en vivant avec joie ton don et ton ministère.

Tu es marié ?

Sois saint, en aimant et en prenant soin de ton mari, de ta femme, comme le Christ l'a fait avec l'Église.

Tu es baptisé et pas marié ?

Sois saint, en accomplissant avec honnêteté et compétence ton travail et en offrant du temps au service de tes frères.

« Mais père, je travaille dans une usine ; je suis comptable, toujours entouré de chiffres, là, on ne peut pas être saint… »

« Oui, oui, là on peut ! Là où tu travailles, tu peux devenir saint. Dieu te donne la grâce de devenir saint. Dieu se communique à toi. »

On peut devenir saint toujours en tout lieu, c'est-à-dire

que l'on peut s'ouvrir à cette grâce qui œuvre en nous et nous conduit à la sainteté.

Tu es parent ou grand-parent ?

Sois saint, en enseignant avec passion aux enfants ou aux petits-enfants à reconnaître et à suivre Jésus. Et il faut beaucoup de patience pour cela, pour être un bon parent, un bon grand-père, une bonne mère, une bonne grand-mère. Il faut beaucoup de patience, et dans cette patience vient la sainteté : en exerçant la patience.

Tu es catéchiste, éducateur ou bénévole ?

Sois saint, en devenant un signe visible de l'amour de Dieu et de sa présence à nos côtés.

Voilà : chaque état de vie conduit à la sainteté, toujours ! Chez toi, dans la rue, au travail, dans l'église, à ce moment et dans ton état de vie a été ouverte la voie vers la sainteté. Ne te décourage pas et va sur cette voie. C'est vraiment Dieu qui nous donne la grâce. Le Seigneur ne demande que cela : que nous soyons en communion avec lui et au service de nos frères.

Audience générale, 19 novembre 2014

### Qui ne croit pas à la résurrection ?

Malheureusement, souvent on a tenté d'obscurcir la foi dans la résurrection de Jésus, et parmi les croyants eux-mêmes, des doutes se sont insinués. C'est un peu une foi « à l'eau de rose », comme on dit ; ce n'est pas une foi forte. Et cela par superficialité, parfois par indifférence, occupés par mille choses que l'on considère plus importantes que la foi, ou encore en raison d'une vision uniquement horizontale de la vie. Mais c'est précisément la résurrection qui nous ouvre à l'espérance la plus grande, car elle ouvre notre vie et la vie du monde à l'avenir éternel de Dieu, au bonheur total, à la certitude que le mal, le péché, la mort peuvent être vaincus. Et cela conduit à vivre avec davantage de confiance les réalités quotidiennes, à les affronter avec courage et application. La résurrection du Christ illumine d'une lumière nouvelle ces réalités quotidiennes. La résurrection du Christ est notre force !

Audience générale, 3 avril 2013

**Marche vers la porte !**

C'est un casque. Voilà ce qu'est l'espérance chrétienne. Quand on parle d'espérance, nous pouvons avoir tendance à la comprendre selon l'acception commune du terme, c'est-à-dire en référence à quelque chose de beau que nous désirons, mais qui peut se réaliser ou pas. Nous espérons que cela arrivera, c'est comme un désir. On dit par exemple : « J'espère que demain, il fera beau temps ! » Mais nous savons que le lendemain, il peut aussi faire mauvais temps… L'espérance chrétienne n'est pas ainsi. L'espérance chrétienne est l'attente de quelque chose qui a déjà été accompli ; c'est la porte qui est là, et moi j'espère pouvoir arriver à la porte. Que dois-je faire ? Marcher vers la porte ! Je suis certain que j'arriverai à la porte. Il en est de même pour l'espérance chrétienne : avoir la certitude que je suis en chemin vers quelque chose qui existe, et non pas quelque chose que je voudrais qui existe.

Audience générale, 1er février 2017

## Nous nous retrouverons tous là-haut

Nous l'avons appris, Dieu nous prépare une nouvelle terre où régnera la justice et dont la béatitude comblera et dépassera tous les désirs de paix qui montent au cœur de l'homme. Voilà l'objectif auquel tend l'Église : c'est, comme le dit la Bible, la « Jérusalem nouvelle », le « paradis ». Plus que d'un lieu, il s'agit d'un « état » de l'âme dans lequel nos attentes les plus profondes seront réalisées de manière surabondante et notre être, en tant que créature et enfant de Dieu, parviendra à sa pleine maturation. Nous serons finalement revêtus de la joie, de la paix et de l'amour de Dieu de manière complète, sans plus aucune limite, et nous serons face à face avec lui ! (Cf. 1Co 13, 12) Il est beau de penser à tout cela, de penser au Ciel. Nous nous retrouverons tous là-haut, tous. Cela est beau, cela donne de la force à l'âme.

Audience générale, 26 novembre 2014

## La lenteur du Règne

Choisir en fonction de Dieu et de son Royaume ne donne pas toujours des fruits immédiats. C'est une décision qui se prend dans l'espérance et qui laisse à Dieu la pleine réalisation. L'espérance chrétienne vise à l'accomplissement futur de la promesse de Dieu et ne s'arrête devant aucune difficulté, parce qu'elle est fondée sur la fidélité de Dieu, qui ne faillit jamais. Il est fidèle, c'est un père fidèle, c'est un ami fidèle, c'est un allié fidèle.

Angélus, 26 février 2017

## Seuls les pauvres savent vraiment espérer

Quand une femme découvre qu'elle est enceinte, chaque jour, elle apprend à vivre dans l'attente de voir le regard de cet enfant qui viendra. Ainsi, nous aussi nous devons voir et apprendre de ces attentes humaines et vivre dans l'attente de regarder le Seigneur, de rencontrer le Seigneur. Cela n'est pas facile, mais cela s'apprend : vivre dans l'attente. Espérer signifie et implique un cœur humble, un cœur pauvre. Seul un pauvre sait attendre. Celui qui est déjà sûr de lui et de ce qu'il a ne sait placer sa confiance dans personne d'autre qu'en lui-même.

Audience générale, 1er février 2017

## Ne laisse pas se consumer l'huile de l'espérance

L'espérance chrétienne n'est pas simplement un désir, un vœu, ce n'est pas de l'optimisme : pour un chrétien, l'espérance est attente, attente fervente, passionnée de l'accomplissement ultime et définitif d'un mystère, le mystère de l'amour de Dieu, dans lequel nous renaissons et dans lequel nous vivons déjà. Et il est attente de quelqu'un qui va arriver : c'est le Christ Seigneur qui se fait toujours plus proche de nous, jour après jour, et qui vient nous introduire enfin dans la plénitude de sa communion et de sa paix. L'Église a alors le devoir de maintenir allumée et bien visible la lampe de l'espérance, afin qu'elle puisse continuer de resplendir comme un signe certain de salut et qu'elle puisse illuminer pour toute l'humanité le chemin qui conduit à la rencontre avec le visage miséricordieux de Dieu.

Audience générale, 15 octobre 2014

**Sois un signe qui annonce les joies du ciel**

La ferme certitude d'être aimés de Dieu est au centre de votre vocation : être pour les autres un signe tangible de la présence du Royaume de Dieu, une anticipation de la joie éternelle du ciel. C'est seulement si notre témoignage est joyeux que nous pourrons attirer des hommes et des femmes au Christ ; et une telle joie est un don qui se nourrit d'une vie de prière, de méditation de la parole de Dieu, de la célébration des sacrements et de la vie communautaire, qui est très importante.

Quand tout cela manque apparaissent les faiblesses et les difficultés qui obscurciront la joie que nous avons connue si intimement au début de notre chemin.

Discours, 16 août 2014

**Tu es entre ses mains**

Demeurer fermes dans le Seigneur, avec la certitude qu'il ne nous abandonne pas, marcher dans l'espérance, travailler à construire un monde meilleur, en dépit des difficultés et des événements tristes qui marquent notre vie personnelle et collective, voilà ce qui compte vraiment ; c'est ce que la communauté chrétienne est appelée à faire pour aller à la rencontre du « Jour du Seigneur »…

Dans l'Évangile, Jésus nous invite à garder solidement dans notre esprit et dans notre cœur la certitude que Dieu conduit notre histoire et connaît la fin ultime des choses et des événements. L'histoire se déroule avec son flux incertain et son mélange de bien et de mal, sous le regard miséricordieux du Seigneur. Mais tout ce qui arrive est conservé en Lui, notre vie ne peut pas se perdre parce qu'elle est entre ses mains.

Angélus, 13 novembre 2016

**Pour le chrétien, il n'y a pas de distinction entre qui est mort et qui ne l'est pas, mais entre qui est dans le Christ et qui ne l'est pas**

Il est beau de sentir qu'il existe une continuité et une communion de fond entre l'Église qui est au ciel et celle encore en chemin sur la terre. Ceux qui vivent déjà aux côtés de Dieu peuvent, en effet, nous soutenir et intercéder pour nous, prier pour nous. D'autre part, nous aussi, nous sommes toujours invités à offrir de bonnes œuvres, des prières et l'Eucharistie, elle-même pour soulager le tourment des âmes qui sont encore dans l'attente de la béatitude sans fin. En effet, dans la perspective chrétienne, la distinction ne se fait plus entre qui est déjà mort et qui ne l'est pas encore, mais entre qui est dans le Christ et qui ne l'est pas ! Cela est l'élément déterminant, vraiment décisif pour notre salut et pour notre bonheur.

Audience générale, 26 novembre 2014

**Qu'est-ce qui nous attend ?**

Elle est si belle cette vision du Ciel que nous avons entendue dans la première lecture du livre de l'Apocalypse : le Seigneur Dieu, la beauté, la bonté, la vérité, la tendresse, l'amour plénier. Tout cela nous attend. Ceux qui nous ont précédés et sont morts dans le Seigneur sont là. Ils proclament qu'ils ont été sauvés non pas en raison de leurs œuvres – ils ont aussi fait de bonnes œuvres – mais qu'ils ont été sauvés par le Seigneur : « Le salut est à notre Dieu, qui siège sur le trône, et à l'Agneau. » (Ap 7, 10)

C'est lui qui nous sauve, c'est lui qui à la fin de notre vie nous tient par la main comme un père, précisément dans ce Ciel où sont nos ancêtres. Un des anciens pose une question : « Ceux-là, qui sont vêtus de blanc, qui sont-ils et d'où viennent-ils ? » (v. 13)

Qui sont ces justes, ces saints qui sont au Ciel ? La réponse : « Ce sont ceux qui viennent de la grande tribulation et qui ont lavé leurs vêtements, les rendant blancs, dans le sang de l'Agneau. » (v. 14) Nous pouvons entrer au Ciel grâce au sang de l'Agneau, grâce au sang du Christ. C'est le sang du Christ qui nous a justifiés, qui nous a ouvert les portes du Ciel. Et si aujourd'hui nous nous rappelons nos frères et sœurs qui nous ont précédés dans la vie et sont au Ciel, c'est parce qu'ils ont été lavés par le sang de l'Agneau.

Voilà notre espérance : l'espérance du sang du Christ ! Une espérance qui ne déçoit pas. Si nous marchons dans la vie avec le Seigneur, il ne déçoit jamais !

Homélie, 1er novembre 2013

**Nous attendons l'Époux !**

Voilà alors ce que nous attendons : que Jésus revienne ! L'Église épouse attend son époux ! Nous devons toutefois nous demander, avec une grande sincérité : sommes-nous véritablement des témoins lumineux et crédibles de cette attente, de cette espérance ? Nos communautés vivent-elles encore sous le signe de la présence du Seigneur Jésus et dans l'attente chaleureuse de sa venue, ou bien apparaissent-elles lasses, engourdies, sous le poids de la fatigue et de la résignation ? Courons-nous nous aussi le risque d'épuiser l'huile de la foi, et l'huile de la joie ? Faisons attention !

Audience générale, 15 octobre 2014

**Que chacun de tes actes soit une graine qui germe dans le jardin de Dieu**

S'il n'y avait pas la référence au paradis et à la vie éternelle, le christianisme se réduirait à une éthique, à une philosophie de vie. Au contraire, le message de la foi chrétienne vient du ciel, il est révélé par Dieu et va au-delà de ce monde. Croire à la résurrection est essentiel, afin que chacun de nos actes d'amour chrétien ne soit pas éphémère ni une fin en soi, mais devienne une semence destinée à éclore dans le jardin de Dieu et à produire des fruits de vie éternelle.

Que la Vierge Marie, reine du ciel et de la terre, nous confirme dans l'espérance de la résurrection et nous aide à faire fructifier par de bonnes œuvres la parole de son Fils semée dans nos cœurs.

Angélus, 6 novembre 2016

### Tout se transforme, et ta joie sera complète

Tout se transforme : le désert fleurit, la consolation et la joie envahissent les cœurs. Ces signes se réalisent en Jésus. Il l'affirme lui-même en répondant aux messagers envoyés par Jean-Baptiste. Que dit Jésus à ces messagers ? « Les aveugles voient et les boiteux marchent, les lépreux sont purifiés et les sourds entendent, les morts ressuscitent. » (Mt 11, 5)

Ce ne sont pas des mots, ce sont des faits qui démontrent comment le salut, apporté par Jésus, saisit tout l'être humain et le régénère. Dieu est entré dans l'histoire pour nous libérer de l'esclavage du péché ; il a planté sa tente parmi nous pour partager notre existence, guérir nos plaies, panser nos blessures et nous donner la vie nouvelle. La joie est le fruit de cette intervention de salut et d'amour de Dieu.

Nous sommes appelés à nous laisser saisir par ce sentiment d'exultation. Cette exultation, cette joie… Mais si un chrétien n'est pas joyeux, il manque quelque chose à ce chrétien, ou alors il n'est pas chrétien ! La joie du cœur, la joie intérieure qui nous fait avancer et nous donne du courage. Le Seigneur vient, dans notre vie, comme le libérateur, il vient nous libérer de tous les esclavages intérieurs et extérieurs. C'est lui qui nous indique la voie de la fidélité, de la patience et de la persévérance, parce qu'à son retour, notre joie sera complète.

Angélus, 11 décembre 2016

### La « règle de vie » du croyant « nostalgique » de Dieu

La sainte nostalgie de Dieu jaillit dans le cœur croyant, parce qu'il sait que l'Évangile n'est pas un événement du passé mais du présent. La sainte nostalgie de Dieu nous permet de tenir les yeux ouverts devant toutes les tentatives de réduire et d'appauvrir la vie. La sainte nostalgie de Dieu est la mémoire croyante qui se rebelle devant tant de prophètes de malheur. Cette nostalgie est celle qui maintient vivante l'espérance de la communauté croyante qui, de semaine en semaine, implore en disant : « Viens, Seigneur Jésus ! »

Ce fut vraiment cette nostalgie qui a poussé le vieillard Siméon à aller tous les jours au temple, sachant avec certitude que sa vie ne se terminerait pas sans pouvoir tenir dans ses bras le Sauveur. Ce fut cette nostalgie qui a poussé le fils prodigue à sortir d'une attitude destructrice et à chercher les bras de son père. Ce fut cette nostalgie que le berger a sentie dans son cœur quand il a laissé les quatre-vingt-dix-neuf brebis pour chercher celle qui s'était perdue, et ce fut aussi ce qu'a expérimenté Marie-Madeleine le matin du dimanche pour aller courir au tombeau et rencontrer son Maître ressuscité.

La nostalgie de Dieu nous tire hors de nos résignations, celles qui nous amènent à penser que rien ne peut changer. La nostalgie de Dieu est l'attitude qui rompt nos conformismes ennuyeux et nous pousse à nous engager pour ce changement auquel nous aspirons et dont nous avons besoin. La nostalgie de Dieu a ses racines dans le passé, mais ne s'arrête pas là : elle va à la recherche de l'avenir.

Le croyant « nostalgique », poussé par sa foi, va à la recherche de Dieu, comme les mages, dans les lieux les plus cachés de l'histoire, parce qu'il sait dans son cœur que le Seigneur l'attend là.

Homélie, 6 janvier 2017

**Reste agrippé au cordage de l'ancre**

Nous avons entendu dans la deuxième lecture ce que l'apôtre Jean disait à ses disciples : « Voyez comme il est grand, l'amour dont le Père nous a comblés : il a voulu que nous soyons appelés “enfants de Dieu”, et nous le sommes réellement ! Voilà pourquoi le monde ne peut pas nous connaître… Nous sommes enfants de Dieu, mais ce que nous serons n'a pas encore été révélé. Nous le savons : lorsque le Fils de Dieu paraîtra, nous serons semblables à lui parce que nous le verrons tel qu'il est. » (1Jn 3, 1-2) Voir Dieu, être semblables à Dieu : voilà notre espérance. Et aujourd'hui, justement en ce jour des Saints et avant le jour des Morts, il est nécessaire de penser un peu à l'espérance, cette espérance qui nous accompagne dans la vie. Les premiers chrétiens dépeignaient l'espérance comme une ancre, comme si la vie était l'ancre jetée sur le rivage du ciel, et nous tous en marche vers ce rivage, agrippés au cordage de l'ancre.

C'est une belle image de l'espérance : avoir un cœur ancré là où sont nos ancêtres, où sont les saints, où est Jésus, où est Dieu. Voilà l'espérance qui ne déçoit pas ; aujourd'hui et demain sont des jours d'espérance.

Homélie, 1er novembre 2013

**Ta seule tristesse : ne pas être saint**

**Ta seule misère : ne pas être fils**

La pauvreté du Christ qui nous enrichit, c'est le fait qu'il ait pris chair, qu'il ait assumé nos faiblesses, nos péchés, en nous communiquant la miséricorde infinie de Dieu. La pauvreté du Christ est la plus grande richesse : Jésus est riche de sa confiance sans limites envers le Père, de pouvoir compter sur lui à tout moment, en cherchant toujours et seulement la volonté et la gloire du Père. Il est riche comme est riche un enfant qui se sent aimé et qui aime ses parents et ne doute pas un seul instant de leur amour et de leur tendresse. La richesse de Jésus, c'est d'être le Fils ; sa relation unique avec le Père est la prérogative souveraine de ce Messie pauvre. Lorsque Jésus nous invite à porter son « joug qui est doux », il nous invite à nous enrichir de cette « riche pauvreté » et de cette « pauvre richesse » qui sont les siennes, à partager avec lui son Esprit filial et fraternel, à devenir des fils dans le Fils, des frères dans le Frère Premier-né (cf. Rm 8, 29).

On a dit qu'il n'y a qu'une seule tristesse, c'est celle de ne pas être des saints (L. Bloy) ; nous pourrions également dire qu'il n'y a qu'une seule vraie misère, c'est celle de ne pas vivre en enfants de Dieu et en frères du Christ.

Message pour le Carême, 2014

Quatrième partie

# CELUI QUI PRIE VIT DES JOURS SEREINS

# La prière complète l'humain

« Nous devons faire de la place à l'Esprit,
afin qu'il puisse nous conseiller.
Faire de la place, c'est prier, prier
pour qu'il vienne et nous aide toujours. »

*7 mai 2014*

**Pourquoi le pape François est heureux…**

*Un garçon* : Tous, dans ce monde, cherchent à être heureux. Mais nous nous sommes demandé : est-ce que vous êtes heureux ? Et pourquoi ?

*Pape François* : Absolument, absolument, je suis heureux. Et je suis heureux parce que… je ne sais pas pourquoi… Peut-être parce que j'ai un travail, je ne suis pas au chômage, j'ai un travail, un travail de pasteur ! Je suis heureux parce que j'ai trouvé ma voie dans la vie et suivre cette voie me rend heureux. C'est aussi un bonheur paisible, parce qu'à mon âge ce n'est pas le même bonheur que pour un jeune, il y a une différence. Une certaine paix intérieure, une grande paix, un bonheur qui vient aussi avec l'âge. Et avec un chemin qui a toujours rencontré des problèmes ; maintenant aussi, il y a des problèmes, mais ce bonheur ne disparaît pas avec les problèmes, non : il voit les problèmes, il les supporte et puis il avance, il fait quelque chose pour les résoudre et il avance. Mais au fond du cœur, il y a cette paix et ce bonheur. C'est une grâce de Dieu pour moi, vraiment. C'est une grâce. Je ne la mérite pas.

Rencontre avec des jeunes, 31 mars 2014

### Il y a autant de façons de prier qu'il y a d'hommes

Combien de façons différentes y a-t-il de prier pour notre prochain ! Elles sont toutes valables et agréées par Dieu si elles sont faites avec le cœur. Je pense en particulier aux mères et aux pères qui bénissent leurs enfants le matin et le soir. Il y a encore cette habitude dans certaines familles : bénir l'enfant est une prière. Je pense à la prière pour les personnes malades, quand nous allons leur rendre visite et que nous prions pour elles ; à l'intercession silencieuse, parfois avec les larmes, dans de nombreuses situations difficiles pour lesquelles il faut prier.

Audience générale, 30 novembre 2016

### Prie avec tes œuvres

Hier, un brave homme est venu à la messe à Sainte-Marthe, un entrepreneur. Ce jeune homme, qui doit fermer son usine parce qu'il ne s'en sort pas, pleurait en disant : « Je n'ai pas le courage de laisser plus de cinquante familles sans travail. Je pourrais déclarer banqueroute : je rentre chez moi avec mon argent, mais mon cœur pleurera toute la vie pour ces cinquante familles. » Voilà un bon chrétien qui prie avec les œuvres : il est venu à la messe prier pour que le Seigneur lui indique une issue, pas seulement pour lui, mais pour les cinquante familles. C'est un homme qui sait prier, avec le cœur et concrètement, il sait prier pour son prochain. Il est dans une situation difficile. Et il ne cherche pas l'issue la plus facile : « Qu'ils se débrouillent. » Voilà un chrétien. Cela m'a fait tant de bien de l'écouter ! Et peut-être y en a-t-il beaucoup, aujourd'hui, en ce moment où tant de gens souffrent du manque de travail.

Audience générale, 30 novembre 2016

### La vraie prière chrétienne dit : « Père »

Jésus dit que le Père qui est au ciel « sait de quoi vous avez besoin, avant même que vous ne le lui demandiez ». « Père. » Telle est la clé de la prière. Sans prononcer, sans entendre cette parole, on ne peut pas prier… Qui est-ce que je prie ? Le Dieu omnipotent ? Il est trop loin. Celui-ci, moi, je ne le sens pas, Jésus non plus ne le sentait pas. Qui est-ce que je prie ? Le Dieu cosmique ? Un peu habituel ces temps-ci, non ? Prier le Dieu cosmique, cette modalité polythéiste qui arrive avec une culture superficielle.

Il faut prier « notre » Père, celui qui t'a engendré, qui t'a donné la vie, à toi, à moi… qui t'accompagne sur ton chemin, qui connaît toute ta vie, toute ; qui sait ce qui est bon et ce qui est moins bon. Il connaît tout… Si nous ne commençons pas la prière avec ces mots qui ne sont pas prononcés par les lèvres, mais par le cœur, nous ne pouvons pas prier comme des chrétiens.

Homélie, Sainte-Marthe, 20 juin 2013

### Laisse l'Esprit prier en toi

Je pense également à l'action de grâce pour une bonne nouvelle qui concerne un ami, un parent, un collègue… :

« Merci, Seigneur, pour cette belle chose ! » Cela aussi est prier pour les autres ! Rendre grâce au Seigneur quand les choses vont bien. Parfois, comme dit saint Paul, « nous ne savons que demander pour prier comme il faut ; mais l'Esprit lui-même intercède pour nous en des gémissements ineffables ». (Rm 8, 26) C'est l'Esprit qui prie en nous. Ouvrons donc notre cœur, de façon à ce que l'Esprit saint, en scrutant les désirs qui sont au plus profond de nous, puisse les purifier et les porter à leur accomplissement. Quoi qu'il en soit, pour nous et pour les autres, demandons toujours que soit faite la volonté de Dieu, comme dans le *Notre Père*, parce que sa volonté est assurément le bien le plus grand, le bien d'un père qui ne nous abandonne jamais : prier et laisser l'Esprit saint prier en nous. Et cela est beau dans la vie : prie en rendant grâce, en louant Dieu, en demandant quelque chose, en pleurant quand il y a des difficultés, comme cet homme. Mais que le cœur soit toujours ouvert à l'Esprit afin qu'il prie en nous, avec nous et pour nous.

Audience générale, 30 novembre 2016

### Prie le Père de tous et aime-les tous

Dieu est-il seulement mon père à moi ? Non, c'est notre Père, parce que je ne suis pas fils unique. Aucun de nous ne l'est. Si je ne peux pas être un frère, je pourrais difficilement devenir le fils de ce Père, car c'est un père qui est assurément le mien, mais aussi celui des autres, de mes frères… Si je ne suis pas en paix avec mes frères, je ne peux pas l'appeler Père. Ainsi s'explique pourquoi Jésus, après nous avoir enseigné le *Notre Père*, dit immédiatement :

« En effet, si vous pardonnez leurs fautes aux autres, votre Père qui est aux cieux vous pardonnera à vous aussi »…

C'est difficile ? Oui, c'est difficile, ce n'est pas facile. Mais Jésus nous a promis l'Esprit saint. C'est lui qui nous enseigne du dedans, du cœur, comment dire « Père » et comment dire « notre », en faisant la paix avec tous nos ennemis.

Homélie, Sainte-Marthe, 20 juin 2013

**Avec la prière, nous faisons de la place**

Nous revenons toujours sur le même thème : la prière ! Mais la prière est très importante. Prier avec les prières que nous savons tous depuis notre enfance, mais aussi prier avec nos propres mots. Prier le Seigneur : « Seigneur, aide-moi, conseille-moi, que dois-je faire à présent ? » Avec la prière, nous faisons place afin que l'Esprit vienne et nous aide dans ce moment, nous conseille sur ce que tous nous devons faire. La prière ! Ne jamais oublier la prière. Jamais ! Personne, personne ne se rend compte quand nous prions dans le bus, dans la rue : nous prions en silence avec notre cœur. Profitons de ces moments pour prier, prier pour que l'Esprit nous donne le don du conseil.

Audience générale, 7 mai 2014

**Apprends quoi dire au Seigneur**

Jésus nous enseigne : le Père sait les choses. Ne vous inquiétez pas, le Père envoie la pluie sur les justes et sur les pécheurs, le soleil pour les justes et les pécheurs. Je voudrais qu'à partir d'aujourd'hui nous prenions la Bible cinq minutes au cours de la journée et que lentement nous récitions le psaume 102 : « Bénis le Seigneur, ô mon âme, que ce qui est en moi bénisse son nom, n'oublie aucun de ses bienfaits. Car il pardonne toutes tes offenses et te guérit de toute maladie ; il réclame ta vie à la tombe et te couronne d'amour et de tendresse. »

Le prier en entier. Et de cette manière, nous apprendrons les choses que nous devons dire au Seigneur, quand nous demandons une grâce.

Homélie, Sainte-Marthe, 1er juillet 2013

**Je ne sais pas ce qui me plaît, mais je sais ce qui lui plaît**

Dans l'intimité avec Dieu et dans l'écoute de sa parole, nous mettons peu à peu de côté notre logique personnelle, dictée le plus souvent par nos fermetures, par nos préjugés et par nos ambitions, et nous apprenons en revanche à demander au Seigneur : que désires-tu ? Quelle est ta volonté ? Qu'aimes-tu ? De cette manière mûrit en nous une *profonde harmonie*, presque connaturelle dans l'Esprit, et nous expérimentons à quel point sont vraies les paroles de Jésus rapportées dans l'Évangile de Matthieu : « Ne cherchez pas avec inquiétude comment parler ou ce que dire : ce que vous aurez à dire vous sera donné sur le moment, car ce n'est pas vous qui parlerez, mais l'Esprit de votre Père qui parlera en vous. » (Mt 10, 19-20)

Audience générale, 7 mai 2014

## Des familles qui prient ensemble

Je voudrais vous demander à vous, chères familles, si parfois, vous priez en famille ? Certaines oui, je sais. Mais beaucoup me demandent : Comment le faire ? Cela se fait comme le publicain, c'est évident : avec humilité, devant Dieu. Chacun avec humilité se laisse regarder par le Seigneur et demande sa bonté, qu'elle vienne à nous. Mais en famille, comment fait-on ? On dirait que la prière est une chose personnelle, et que ce n'est jamais le bon moment, tranquille, en famille… Oui, c'est vrai, mais c'est aussi une question d'humilité, de reconnaître que nous avons besoin de Dieu, comme le publicain ! Et toutes les familles ont besoin de Dieu : toutes, toutes ! Besoin de son aide, de sa force, de sa bénédiction, de sa miséricorde, de son pardon. Et il faut de la simplicité : pour prier en famille, il faut de la simplicité ! Prier ensemble le *Notre Père*, autour de la table, ce n'est pas une chose extraordinaire : c'est facile. Et prier ensemble le Rosaire, en famille, c'est très beau, cela donne beaucoup de force ! Et aussi prier l'un pour l'autre : le mari pour l'épouse, l'épouse pour le mari, tous les deux pour les enfants, les enfants pour les parents, les grands-parents… Prier l'un pour l'autre. Ça, c'est prier en famille, et cela renforce la famille : la prière.

Homélie, 22 octobre 2013

# Les prières du pape François pour une vie accomplie

« Je ne sais pas, peut-être que cela paraît étrange,
mais prier, c'est un peu importuner
Dieu pour qu'il nous écoute. »

*6 décembre 2013*

*La prière des enfants, enseignée par Jésus*

Notre Père, qui es aux cieux,
que ton nom soit sanctifié,
que ton règne vienne,
que ta volonté soit faite sur la terre comme au ciel.
Donne-nous aujourd'hui notre pain de ce jour.
Pardonne-nous nos offenses,
comme nous pardonnons aussi à ceux qui nous ont offensés.
Et ne nous laisse pas entrer en tentation
mais délivre-nous du Mal.
Amen.

## *Le psaume de la joie de l'homme accompli*
(cité par le pape François en ouverture
de *Amoris lætitia*)

Heureux tous ceux qui craignent le Seigneur
et marchent dans ses voies !
Du labeur de tes mains tu te nourriras,
heureux es-tu ! À toi le bonheur !
Ton épouse : une vigne fructueuse au cœur de ta maison.
Tes fils : des plants d'olivier à l'entour de la table. Voilà de quels biens sera béni l'homme qui craint le Seigneur. Que le Seigneur te bénisse de Sion ! Puisses-tu voir Jérusalem dans le bonheur tous les jours de ta vie, et voir les fils de tes fils !
Paix sur Israël !

Psaume 128 (1-6)

## *Le psaume de celui qui veut apprendre quoi demander à Dieu*
(le pape François invite à le lire chaque jour lentement)

Bénis le Seigneur, ô mon âme,
bénis son nom très saint, tout mon être !
Bénis le Seigneur, ô mon âme,
n'oublie aucun de ses bienfaits !

Car il pardonne toutes tes offenses
et te guérit de toute maladie ;
il réclame ta vie à la tombe
et te couronne d'amour et de tendresse,

Bénis le Seigneur, ô mon âme,
bénis son nom très saint, tout mon être !
Bénis le Seigneur, ô mon âme,
n'oublie aucun de ses bienfaits !

Car il pardonne toutes tes offenses
et te guérit de toute maladie ;
il réclame ta vie à la tombe
et te couronne d'amour et de tendresse ;
il comble de biens tes vieux jours :
et renouvelle, comme l'aigle, ta jeunesse.

Le Seigneur fait œuvre de justice,
il défend le droit des opprimés.
Il révèle ses desseins à Moïse,
aux enfants d'Israël ses hauts faits.
Le Seigneur est tendresse et pitié,
lent à la colère et plein d'amour ;
il n'est pas pour toujours en procès,
ne maintient pas sans fin ses reproches ;
il n'agit pas envers nous selon nos fautes,
ne nous rend pas selon nos offenses.

Comme le ciel domine la terre,
fort est son amour pour qui le craint ;
aussi loin qu'est l'orient de l'occident,
il met loin de nous nos péchés ;
comme la tendresse du père pour ses fils,
la tendresse du Seigneur pour qui le craint !
Il sait de quoi nous sommes pétris,
il se souvient que nous sommes poussière.

L'homme ! ses jours sont comme l'herbe ;
comme la fleur des champs, il fleurit :
dès que souffle le vent, il n'est plus,
même la place où il était l'ignore.
Mais l'amour du Seigneur,
sur ceux qui le craignent, est de toujours pour toujours,
et sa justice pour les enfants de leurs enfants,

pour ceux qui gardent son alliance
et se souviennent d'accomplir ses volontés.

Le Seigneur a son trône dans les cieux :
sa royauté s'étend sur l'univers.
Messagers du Seigneur, bénissez-le,
invincibles porteurs de ses ordres,
attentifs au son de sa parole !
Bénissez-le, armées du Seigneur,
serviteurs qui exécutez ses désirs !
Toutes les œuvres du Seigneur,
bénissez-le, sur toute l'étendue de son empire !
Bénis le Seigneur, ô mon âme !

Psaume 102

## *Prière de celui qui veut rentrer*

Seigneur, je me suis laissé tromper, de mille manières j'ai fui ton amour, cependant je suis ici une fois encore pour renouveler mon alliance avec toi. J'ai besoin de toi. Rachète-moi de nouveau, Seigneur, accepte-moi encore une fois entre tes bras rédempteurs.

*Evangelii gaudium,* n° 3

## *Prie, Marie, pour nous pèlerins dans le temps*

Merci, ô Sainte Mère du Fils de Dieu Jésus,
Sainte Mère de Dieu !
Merci pour ton humilité
qui a attiré le regard de Dieu ;
merci pour la foi avec laquelle tu as accueilli sa parole ;
merci pour le courage avec lequel tu as dit « me voici »,
dans l'oubli de toi-même, fascinée par le saint Amour,
faite un avec son espérance.
Merci, ô Sainte Mère de Dieu !
Prie pour nous, pèlerins dans le temps.
Aide-nous à marcher sur le chemin de la paix.
Amen.

Angélus, 1er janvier 2017

## *Soutiens, Mère, l'attente confiante de notre cœur*

Ô Marie, notre Mère, qui, dans le Christ, accueille chacun de nous comme un enfant, soutiens l'attente confiante de notre cœur, secours-nous dans nos infirmités et nos souffrances, guide-nous vers le Christ ton fils et notre frère, et aide-nous à nous confier au Père qui accomplit de grandes choses.

Message pour la Journée du malade, 2017

## *Pour les vocations de femmes et hommes heureux*

Père de miséricorde, qui as donné ton Fils pour notre salut et qui nous soutiens sans cesse par les dons de ton Esprit, donne-nous des communautés chrétiennes vivantes, ferventes et joyeuses, qui soient sources de vie fraternelle et qui suscitent chez les jeunes le désir de se consacrer à toi et à l'évangélisation. Soutiens-les dans leur application à proposer une catéchèse vocationnelle adéquate et différents chemins de consécration particulière. Donne la sagesse pour le nécessaire discernement vocationnel, afin qu'en tous resplendisse la grandeur de ton Amour miséricordieux.
Marie, Mère et éducatrice de Jésus, intercède pour chaque communauté chrétienne, afin que, rendue féconde par l'Esprit saint, elle soit source de vocations authentiques au service du peuple saint de Dieu.

Message pour la Journée des vocations, 2016

## *Quand nous nous présenterons à toi*

(prière des défunts du père Antonio Rungi, récitée par le pape François pendant l'Angélus)

Dieu d'infinie miséricorde,
nous confions à ton immense bonté
tous ceux qui ont quitté ce monde pour l'éternité,
où tu attends toute l'humanité,

rachetée par le sang précieux du Christ,
ton Fils, mort en rançon pour nos péchés.
Ne regarde pas, Seigneur, les nombreuses pauvretés,
misères et faiblesses humaines,
lorsque nous nous présenterons devant ton tribunal
pour être jugés pour le bonheur ou pour la condamnation.
Tourne vers nous ton regard de pitié,
qui découle de la tendresse de ton cœur,
et aide-nous à marcher sur le chemin de la purification complète.
Qu'aucun de tes enfants ne soit perdu
dans le feu éternel de l'enfer,
où il ne peut plus y avoir de repentir.
Nous te confions, Seigneur, les âmes de ceux qui nous sont chers,
des personnes qui sont mortes
sans le réconfort des sacrements,
ou qui n'ont pas eu la possibilité de se repentir,
même au terme de leur vie.

Que personne n'ait peur de te rencontrer,
après le pèlerinage terrestre,
dans l'espérance d'être accueilli dans les bras
de ton infinie miséricorde.

Que notre sœur la mort corporelle nous trouve vigilants dans la prière
et chargés de tout le bien accompli au cours de notre brève ou longue existence. Seigneur, que rien ne nous éloigne de toi sur cette terre,

mais que tout et tous nous soutiennent
dans le désir ardent de reposer sereinement
et éternellement en toi.
Amen.

2 novembre 2014

## *Invocation de l'homme de paix*

Seigneur Dieu de paix, écoute notre supplication !
Nous avons essayé tant de fois et durant tant d'années de résoudre nos conflits avec nos forces et aussi avec nos armes ; tant de moments d'hostilité et d'obscurité ; tant de sang versé ; tant de vies brisées, tant d'espérances ensevelies... Mais nos efforts ont été vains. À présent, Seigneur, aide-nous, toi ! Donne-nous, toi, la paix, enseigne-nous, toi, la paix, guide-nous, toi, vers la paix. Ouvre nos yeux et nos cœurs et donne-nous le courage de dire : « Plus jamais la guerre » ; « avec la guerre, tout est détruit ! » Infuse en nous le courage d'accomplir des gestes concrets pour construire la paix. Seigneur, Dieu d'Abraham et des Prophètes, Dieu Amour qui nous a créés et nous appelle à vivre en frères, donne-nous la force d'être chaque jour des artisans de paix ; donne-nous la capacité de regarder avec bienveillance tous les frères que nous rencontrons sur notre chemin. Rends-nous disponibles à écouter le cri de nos concitoyens qui nous demandent de transformer nos armes en instruments de paix, nos peurs en confiance et nos tensions en pardon. Maintiens allumée en nous la flamme de l'espérance pour accomplir avec une patiente persévérance des choix de dialogue et de réconciliation,

afin que vainque finalement la paix. Et que du cœur de chaque homme soient bannis ces mots : division, haine, guerre ! Seigneur, désarme la langue et les mains, renouvelle les cœurs et les esprits, pour que la parole qui nous fait nous rencontrer soit toujours « frère », et que le style de notre vie devienne : shalom, paix, salam ! Amen.

Invocation pour la paix, 8 juin 2014

## *À Marie, femme de l'écoute*

Marie, femme de l'écoute,
ouvre nos oreilles :
fais que nous sachions écouter la parole
de ton Fils Jésus entre les mille paroles de ce monde ;
fais que nous sachions écouter la réalité dans laquelle nous vivons,
chaque personne que nous rencontrons,
en particulier celle qui est la plus pauvre, démunie, en difficulté.

Marie, femme de la décision,
illumine notre esprit et notre cœur,
pour que nous sachions obéir à la parole
de ton Fils Jésus, sans hésitations ;
donne-nous le courage de la décision,
de ne pas nous laisser entraîner
pour que d'autres orientent notre vie.

Marie, femme de l'action,
fais que nos mains et nos pieds

aillent « en hâte » vers les autres,
pour apporter la charité et l'amour de ton Fils Jésus,
pour apporter, comme toi, dans le monde la lumière de l'Évangile.
Amen.

Homélie, 31 mai 2013

## *Prière du Jeudi saint pour les prêtres*

En ce Jeudi saint, je demande au Seigneur Jésus qu'il fasse découvrir à beaucoup de jeunes cette ardeur du cœur qui fait surgir la joie dès qu'on a l'heureuse audace de répondre avec promptitude à son appel.

En ce Jeudi saint, je demande au Seigneur Jésus qu'il conserve l'éclat joyeux dans les yeux des nouveaux ordonnés, qui partent pour « se manger » le monde, pour se consumer au milieu du peuple fidèle de Dieu, qu'ils se réjouissent en préparant la première homélie, la première messe, le premier baptême, la première confession… C'est la joie de pouvoir partager – émerveillés – pour la première fois comme oints, le trésor de l'Évangile et de sentir que le peuple fidèle te revient pour oindre d'une autre manière : avec leurs demandes, inclinant la tête pour que tu les bénisses, te serrant les mains, t'amenant leurs enfants, demandant pour leurs malades…

Seigneur,
conserve dans tes jeunes prêtres
la joie du départ,

la joie de faire toute chose comme nouvelle,
la joie de consumer leur vie pour toi.

En ce Jeudi sacerdotal, je demande au Seigneur Jésus de confirmer la joie sacerdotale de ceux qui ont de nombreuses années de ministère. Cette joie qui, sans disparaître de leurs yeux, repose sur les épaules de tous ceux qui supportent le poids du ministère, ces prêtres qui ont déjà pris le pouls du travail, qui rassemblent leurs forces et se rechargent : « ils changent d'air », comme disent les sportifs.

Conserve, Seigneur,
la profondeur et la sage maturité
de la joie des prêtres adultes.
Qu'ils sachent prier comme Néhémie :
la joie du Seigneur est notre rempart. (Cf. Ne 8, 10)

Enfin, en ce Jeudi sacerdotal, je demande au Seigneur Jésus que resplendisse la joie des prêtres âgés, bien portants ou malades. C'est la joie de la croix, qui provient de la conscience d'avoir un trésor incorruptible dans un vase d'argile qui va en se défaisant. Qu'ils sachent être bien, quel que soit l'endroit où ils sont, discernant dans la fugacité du temps le goût de l'éternel (Guardini).

Qu'ils ressentent, Seigneur,
la joie de passer le flambeau,
la joie de voir grandir les enfants des enfants
et de saluer, dans un sourire et avec douceur,
les promesses, dans cette espérance qui ne déçoit pas.

Homélie, 17 avril 2014

## *Prière à la Vierge pour qu'elle transforme notre cœur*

Vierge et Mère Marie,
toi qui, mue par l'Esprit,
as accueilli le Verbe de la vie
dans la profondeur de ta foi humble,
totalement abandonnée à l'Éternel,
aide-nous à dire notre « oui »
dans l'urgence, plus que jamais pressante,
de faire retentir la Bonne Nouvelle de Jésus.

Toi, remplie de la présence du Christ,
tu as porté la joie à Jean-Baptiste,
le faisant exulter dans le sein de sa mère.
Toi, tressaillant de joie,
tu as chanté les merveilles du Seigneur.
Toi, qui es restée ferme près de la Croix
avec une foi inébranlable
et as reçu la joyeuse consolation de la résurrection,
tu as réuni les disciples dans l'attente de l'Esprit
afin que naisse l'Église évangélisatrice.

Obtiens-nous maintenant une nouvelle ardeur de ressuscités
pour porter à tous l'Évangile de la vie
qui triomphe de la mort.
Donne-nous la sainte audace de chercher de nouvelles voies
pour que parvienne à tous
le don de la beauté qui ne se ternit pas.

Toi, Vierge de l'écoute et de la contemplation,
mère du bel amour, épouse des noces éternelles,
intercède pour l'Église, dont tu es l'icône très pure,
afin qu'elle ne s'enferme jamais et jamais ne s'arrête
dans sa passion pour instaurer le Royaume.

Étoile de la nouvelle évangélisation,
aide-nous à rayonner par le témoignage de la communion,
du service, de la foi ardente et généreuse,
de la justice et de l'amour pour les pauvres,
pour que la joie de l'Évangile
parvienne jusqu'aux confins de la terre
et qu'aucune périphérie ne soit privée de sa lumière.

Mère de l'Évangile vivant,
source de joie pour les petits,
prie pour nous.
Amen. Alléluia !

*Evangelii gaudium*, n° 288

## *Prière de sainte Faustine*

(que le pape François a invité à réciter tous ensemble lors du Message pour les Journées mondiales de la jeunesse 2016)

Aide-moi, Seigneur,
pour que mes yeux soient miséricordieux,
pour que je ne soupçonne jamais

ni ne juge d'après les apparences extérieures,
mais que je discerne la beauté
dans l'âme de mon prochain et que je lui vienne en aide…
pour que mon oreille soit miséricordieuse,
afin que je me penche sur les besoins de mon prochain
et ne reste pas indifférente
à ses douleurs ni à ses plaintes…
pour que ma langue soit miséricordieuse,
afin que je ne dise jamais de mal de mon prochain,
mais que j'aie pour chacun un mot de consolation et de pardon…
pour que mes mains soient miséricordieuses
et remplies de bonnes actions…
pour que mes pieds soient miséricordieux,
pour me hâter au secours de mon prochain,
en dominant ma propre fatigue et ma lassitude…
pour que mon cœur soit miséricordieux,
afin que je ressente toutes les souffrances de mon prochain.

Sœur Faustina Kowalska, *Journal*, 163

# Table des matières

Mise en pages par

PRESS·PROD

*Imprimé en Espagne*

Dépôt légal : avril 2020

ISBN : 978-2-7499-3869-1

LAF : 2685